西湖学论丛

第十辑

张建庭　主编

杭州西湖博物馆　编

杭州出版社

《西湖学论丛》编委会

目录

Contents

Informal Discussions

杭州西湖山林野生蕨类资源调查和自然群落景观分析

范丽琨　张红梅　全璨璨

［摘　要］调查了西湖山林野生观赏蕨类的种类、分布生境、生态类型等，并利用 ArcGIS 软件形成西湖山林蕨类资源分布图，共发现蕨类植物 18 科，37 属，64 种，其中土生类 38 种，占 59%，石上附生类 24 种，占 37.5%，树上附生类 1 种，藤类 1 种。分析了不同生态类型的蕨类自然群落的生态特点和观赏价值，以期为浙江地区蕨类植物的人工配置应用提供借鉴。

［关键词］西湖山林；蕨类；群落景观

全球的蕨类植物有 12000 多种，中国有 2600 多种，是世界上拥有蕨类植物资源较多的国家。蕨在西方素有“无花之美”“花园中的羽毛”的称誉，代表着当今世界观赏植物的一大潮流，近年来和苔藓植物一起成为市场上营造禅意微景观的流行素材。董丽在《中国花卉报》上发表的《蕨类植物景观设计要点解析》一文中提出：返璞归真的自然意境、低成本的养护管理、高质量的生态效益是现代园林对植物造景的三大要求。在一般植物不易生存的蔽阴地、瘠薄地，种类丰富齐全、外形奇特优美、喜阴耐热、生性顽强、易于栽培管理的蕨类植物，也是有效覆盖地面，营造良好的人工复层植物群落的上佳选择。基于西湖山地公园地被层植物常年采用沿阶草、吉祥草、兰花三七的现状，本文就西湖山林区域进行蕨类资源调查，侧重形成资源分布图，并对不同生态类型的蕨类自然群落景观进行分析，以期为人工营造蕨类景观提供借鉴。

1　材料与方法

1.1　研究区域概况

西湖风景区属亚热带季风性气候，四季分明，光照充足，雨量充沛，温和湿润。西湖周边的群山属于天目山余脉。年平均气温 16.2℃，夏季平均气温 28.6℃，冬季平均气温 3.8℃。无霜期有 230—260 天。年平均降雨量为 1435 mm，平均相对湿度为 76%。山区的气候垂直差异显著，气温随高度上升而下降，千米以下的山区雨量随高度上升而增加，组成了复杂多样的立体小气候。土壤多属红壤和黄壤，pH4.9—6.5，肥力适中。

［作者简介］范丽琨，硕士，工程师，任职于杭州西湖风景名胜区钱江管理处，研究方向为园林植物和园林管理。张红梅，硕士，工程师，任职于杭州西湖风景名胜区钱江管理处，研究方向为林业经理和森林保护。全璨璨，硕士，工程师，任职于杭州西湖风景名胜区钱江管理处，研究方向为园林管理。

1.2 调查方法

1.2.1 蕨类资源调查

2016 年 3 月至 2017 年 4 月，在西湖山林主要景点开放区域（虎跑、六和塔、云栖竹径、江洋畈、九溪、龙井、满陇桂雨公园）有大量蕨类植物分布的道路两侧、溪边、驳坎边设置不短于 50 m 的直线，沿直线一侧的 2 m 范围内进行调查。记录发现的蕨类种类以及分布区域、小生境的温湿度、土壤 pH 值等相关指标，并拍摄照片建档，利用地理信息系统软件 ArcGIS10.2，综合拍摄照片的地理信息，形成西湖山林蕨类资源分布图。

1.2.2 蕨类群落景观调查

1.2.2.1 群落的选择与确定

2016 年 3 月至 2017 年 11 月，对西湖山林蕨类分布较广的景点（同上）开展植物景观踏查。和根据蕨类的生态类型和景观效果选择典型群落，记录优势种、地理位置、海拔、经纬度、标记物和环境周边情况等信息。

1.2.2.2 蕨类植物群落调查方法

2016 年 10 月 18—20 日，对西湖山林景区内的蕨类植物景观进行群落调查。根据蕨类生态类型采用典型取样。设置 10 m × 10 m 的 10 个小样地（根据蕨类植物生态类型的划分标准，将其分为土生类蕨类植物和附生类蕨类植物，其中附生类又分为树上附生类和石上附生类，实际调查地包含石上附生类 4 个、树上附生类 1 个、土生类 5 个记录项目。记录所在样地的群落生态学特征及周围生境，包括样地的植物种名（乔木、灌木、地被层）、光照、土壤状况、海拔、湿度、生长区域等内容。

1.2.2.3 景观分析方法

（1）群落的组成分析。根据群落样地的垂直结构，逐层分析乔木层、灌木层、草本层的植物组成情况。不同的蕨类具有不同的观赏特性，由不同的蕨类组成的群落景观所呈现的外貌也不相同。

（2）景观观赏特征分析。对不同生态类型的蕨类景观，各个影响因素包括优势种观赏特性、生态特点、整体景观效果等方面。

2 结果与分析

2.1 西湖山林蕨类资源

经过整理，根据张宪春蕨类分类系统，在西湖山林景区共调查记载了蕨类植物 18 科，37 属，64 种，其中拟蕨类 4 种，包括石松科 3 种、木贼科 1 种，真蕨类 60 种；主要分布在鳞毛蕨科、水龙骨科、铁角蕨科，鳞毛蕨属、铁角蕨属、复叶耳蕨属。主要野生观赏蕨类资源见表 1：

表 1 西湖山林蕨类资源种类调查表

序号	种名	拉丁名	科属	生境	生态类型
1	翠云草	Selaginella uncinata	卷柏科卷柏属	林缘，半阴或阴蔽	土生
2	布朗卷柏	Selaginella braunii	卷柏科卷柏属	岩石，半阴	石上附生
3	江南卷柏	Selaginella moellendorffii	卷柏科卷柏属	岩石或驳坳，半阴	石上附生
4	木贼	Equisetum hyemale	木贼科木贼属	花坛、绿篱，阳	土生

续表

序号	种名	拉丁名	科属	生境	生态类型
5	紫萁	Osmunda japonica	紫萁科紫萁属	林缘，半阴或阳	土生
6	芒萁	Dicranopteris dichotoma	里白科芒萁属	林缘，半阴或阳	石上附生
7	里白	Hicriopteris glauca	里白科里白属	林缘，半阴或阴	石上附生
8	海金沙	Lygodium japonicum	海金沙科海金沙属	绿化带，阳	藤类
9	瓶蕨	Vandenboschia auriculata	膜蕨科瓶蕨属	岩石，阴	石上附生
10	粗毛鳞盖蕨	Microlepia strigosa	姬蕨科鳞盖蕨属	林缘，石缝	石上附生
11	边缘鳞盖蕨	Microlepia marginata	姬蕨科鳞盖蕨属	林缘、土坡，阳	土生
12	姬蕨	Hypolepis punctata	姬蕨科姬蕨属	林缘、水杉根部，半阴	土生
13	乌蕨	Stenoloma chusanum	陵齿蕨科乌蕨属	林缘，半阴	土生
14	蕨	Pteridium aquilinum	蕨科蕨属	林缘，半阴或阳	土生
15	凤丫蕨	Coniogramme japonica	裸子蕨科凤丫蕨属	土坡，半阴	土生
16	野稚尾金粉蕨	Onychium japonicum	凤尾蕨科金粉蕨属	土坡，半阴，少见	土生
17	刺齿半边旗	Pteris dispar	凤尾蕨科凤尾蕨属	林缘或林带内，半阴	土生
18	蜈蚣草	Pteris vittata	凤尾蕨科凤尾蕨属	岩石，阳	石上附生
19	井栏边草	Pteris multifida	凤尾蕨科凤尾蕨属	岩石、土坡，半阴或阳	石上附生
20	毛轴碎米蕨	Cheilosoria chusana	中国蕨科碎米蕨属	岩石，阴生	石上附生
21	假蹄盖蕨	Athyriopsis japonica	蹄盖蕨科假蹄盖蕨属	岩石、林缘，半阴	石上附生
22	毛轴假蹄盖蕨	Athyriopsis petersenii	蹄盖蕨科假蹄盖蕨属	岩石，半阴	土生
23	日本蹄盖蕨	Athyrium niponicum	蹄盖蕨科蹄盖蕨属	草丛、地被，阳	土生
24	长江蹄盖蕨	Athyrium iseanum	蹄盖蕨科蹄盖蕨属	草丛，海拔较高	土生
25	黑叶角蕨	Cornopteris opaca	蹄盖蕨科角蕨属	林缘，半阴	土生
26	菜蕨	Callipteris esculenta	蹄盖蕨科菜蕨属	土坡，林地	土生
27	中华短肠蕨	Allantodia chinensis	蹄盖蕨科短肠蕨属	林缘，半阴	土生
28	金星蕨	Parathelypteris glanduligera	金星蕨科金星蕨属	土坡、林缘，半阴	土生
29	疏羽凸轴蕨	Metathelypteris laxa	金星蕨科凸轴蕨属	林缘，半阴	土生
30	普通针毛蕨	Macrothelypteris torresiana	金星蕨科针毛蕨属	林下，半阴或阳	土生
31	雅致针毛蕨	Macrothelypteris oligophlebia var. elegans	金星蕨科针毛蕨属	林下，半阴或阳	土生
32	延羽卵果蕨	Phegopterisdecursive-pinnata	金星蕨科卵果蕨属	草丛，阳生	土生
33	普通假毛蕨	Pseudocyclosorus subochthodes(Ching) Ching	金星蕨科假毛蕨属	溪边，半阴或阳	土生
34	渐尖毛蕨	Cyclosorus acuminatus	金星蕨科毛蕨属	林下，半阴或阳	土生
35	虎尾铁角蕨	Asplenium incisum	铁角蕨科铁角蕨属	岩石，半阴	石上附生
36	倒挂铁角蕨	Asplenium normale	铁角蕨科铁角蕨属	岩石，半阴	石上附生
37	北京铁角蕨	Asplenium pekinense	铁角蕨科铁角蕨属	墙壁，半阴	石上附生
38	细茎铁角蕨	Asplenium tenuicaule	铁角蕨科铁角蕨属	岩石，半阴	石上附生

续表

序号	种名	拉丁名	科属	生境	生态类型
39	华中铁角蕨	Asplenium sarelii	铁角蕨科铁角蕨属	林缘、坡面	土生
40	狗脊	Woodwardia japonica	乌毛蕨科狗脊属	林带、林缘，半阴	土生
41	棕边鳞毛蕨	Dryopteris sacrosancta	鳞毛蕨科鳞毛蕨属	林缘，半阴	土生
42	红盖鳞毛蕨	Dryopteris erythrosora	鳞毛蕨科鳞毛蕨属	林缘、土坡，半阴	土生、树干附生
43	假异鳞毛蕨	Dryopteris immixta	鳞毛蕨科鳞毛蕨属	林缘，半阴	土生
44	齿头鳞毛蕨	Dryopteris labordei	鳞毛蕨科鳞毛蕨属	林缘或土坡，半阴	土生
45	迷人鳞毛蕨	Dryopteris decipiens	鳞毛蕨科鳞毛蕨属	土坡，半阴	石上附生
46	深裂迷人鳞毛蕨	Dryopteris decipiens var. diplazioides	鳞毛蕨科鳞毛蕨属	土坡，半阴	石上附生
47	黑足鳞毛蕨	Dryopteris fuscipes	鳞毛蕨科鳞毛蕨属	林带，半阴或阳	土生
48	阔鳞鳞毛蕨	Dryopteris championii	鳞毛蕨科鳞毛蕨属	林带，半阴或阳	土生
49	平行鳞毛蕨	Dryopteris indusiata	鳞毛蕨科鳞毛蕨属	岩石，半阴	土生
50	两色鳞毛蕨	Dryopteris setosa	鳞毛蕨科鳞毛蕨属	林带，半阴或阳	土生
51	草质假复叶耳蕨	Acrorumohra hasseltii	鳞毛蕨科假复叶耳蕨属	林缘，半阴或阳	土生
52	贯众	Cyrtomium fortunei	鳞毛蕨科贯众属	岩石，阳或半阴	石上附生
53	大叶贯众	Cyrtomium macrophyllum	鳞毛蕨科贯众属	岩石，半阴	石上附生
54	镰羽贯众	Cyrtomium balansae	鳞毛蕨科贯众属	岩石，半阴	石上附生
55	刺头复叶耳蕨	Arachniodes exilis	鳞毛蕨科复叶耳蕨属	土坡，半阴	土生
56	多羽复叶耳蕨	Arachniodes amoena	鳞毛蕨科复叶耳蕨属	土坡、林带内，半阴	土生
57	美丽复叶耳蕨	Arachniodes speciosa	鳞毛蕨科复叶耳蕨属	驳坳，半阴或阳	土生
58	斜方复叶耳蕨	Arachniodes rhomboidea	鳞毛蕨科复叶耳蕨属	林带内，半阴	土生
59	盾蕨	Neolepisorus ovatus	水龙骨科盾蕨属	岩石，阴	石上附生
60	江南星蕨	Microsorum fortunei	水龙骨科星蕨属	岩石，阳或半阴	石上附生
61	瓦韦	Lepisorus thunbergianus	水龙骨科瓦韦属	树干、岩石，阴	树上附生
62	石韦	Pyrrosia lingua	水龙骨科石韦属	岩石，阳	石上附生
63	有柄石韦	Pyrrosia petiolosa	水龙骨科石韦属	岩石，阳	石上附生
64	线蕨	Colysis elliptica	水龙骨科线蕨属	林缘，半阴、潮湿	石上附生

2.2 蕨类资源分布概况

西湖山林的蕨类以真蕨类为主，其中鳞毛蕨科（Dryopteridaceae）鳞毛蕨属（Dryopteris）、铁角蕨科（Aspleniaceae）铁角蕨属（Asplenium）、凤尾蕨科（Pteridaceae）凤尾蕨属（Pteris）分布集中，个体较大；鳞毛蕨科的红盖鳞毛蕨、姬蕨科（Dennstaedtiaceae）鳞盖蕨属（Microlepia）的边缘鳞盖蕨以及金星蕨科（Thelypteridaceae）的渐尖毛蕨在许多分布区域都是群落或下层地被中的主要种，大多属于土生类蕨。小型蕨类主要包括铁角蕨科的北京铁角蕨、虎尾铁角蕨以及水龙骨科

图 1　蕨类总图遥感影像图

（Polypodiaceae）的瓦韦等，大多属于石上附生类蕨。西湖山林的蕨类资源以土生和石上附生为主，土生类 38 种、占 59%；石上附生类 24 种，占 37.5%；树上附生类 1 种，藤类 1 种。分布区域中虎跑景点分布数量最多，生长密度高；九溪景点分布种类最多，见图 1。

2.3　不同生态类型景观分析

根据生态类型和观赏效果选择较为典型的 10 个小样地，包括土生型 5 个、石上附生型 4 个、树上附生型 1 个，从群落组成、生态特点和景观效果进行总结（表 2、表 3）。

2.3.1 *群落组成*

有一定景观效果的野生蕨类群落基本呈草本层—乔木层的状态，其中包括完全以单一种为特征的，如群落 Q7 的江南星蕨，倒挂的长阔披针形叶如绿色瀑布一样生长在水池的驳墈上。有单一蕨类和其他草本混生，如群落 Q1 的狗脊和野荞麦，在毛竹林下形成了整齐统一的地被景观。大多数为多种大型蕨

图 2　Q5 蕨类自然混生景观

类混生，突出一个优势种的状态，如群落 Q5 以美丽复叶耳蕨为优势种，同时长有凤丫蕨、美丽复叶耳蕨、狗脊、边缘鳞盖蕨、贯众、井栏边草 6 种蕨类，丰富多样的叶形形成了多样的绿墙景观（图 2）。

2.3.2 生态特点

根据调查结果，西湖山林的野生蕨类多生长在潮湿、阴暗的林下、溪涧、驳坎或山谷中，受光照、湿度和海拔的影响较为显著。大部分蕨类喜半阴或阴暗的环境，但也有对全光照有一定适应能力的蕨，如木贼、石韦、海金沙、蜈蚣草、井栏边草等。

西湖山林的土壤类型主要为弱酸性的红壤或黄壤，上层植被丰富，土壤腐殖质含量高，江南地区年平均降雨量和湿度均较高，因此林缘、林下、山谷分布着鳞毛蕨属、短肠蕨属、鳞盖蕨属等大型土生蕨类，可以作为良好的地被植物引种。同时阴湿的墙缝、石缝或驳墈面上，铁角蕨属、江南星蕨、贯众等依靠湿度高的腐殖质土也能形成成片的景观，后期经引种在容器中证明，这些石生类也能够适应土生生长。还有一些分布在山坡向阳的岩石上，如分布于九溪烟树的石韦、线裂铁角蕨，虎跑登山步道旁的江南卷柏、芒萁等在砂质瘠薄的黄土上也能生长，对土壤要求较低，有很强的适应能力。

调查的山林主要属于低丘陵地形，山势较低，海拔最多相差百米左右，但还是能够发现部分种只出现在海拔较高的位置，如美丽复叶耳蕨、草质假复叶耳蕨、线蕨、深裂迷人鳞毛蕨等，而有些种对不同海拔均有一定的适应能力，如边缘鳞盖蕨、红盖鳞毛蕨、疏羽凸轴蕨等。

表 2 西湖山林蕨类自然群落景观调查表

群落编号	生活型	优势种	草本层	上层乔（灌）木	分布地	光照	土壤类型	海拔（m）	生长区域
Q1	土生型	狗脊	野荞麦	毛竹	林下土生	半阴	红壤土	60.2	云栖竹径
Q2	土生型	姬蕨	边缘鳞盖蕨、狗脊、金星蕨、金线草	毛竹	林缘开阔坡地阳面	阳	红壤土	61.7	云栖竹径
Q3	土生型	疏羽凸轴蕨	狗脊、边缘鳞盖蕨、斜方复叶耳蕨、淡竹叶	毛竹、浙江楠	路旁垂直坡阴面	半阴	红壤土	122.1	云栖竹径
Q4	附生型	深裂迷人鳞毛蕨	金星蕨、野荞麦	水杉	附生水杉树基部	阴	腐叶土	5.5	虎跑
Q5	土生型	多羽复叶耳蕨	凤丫蕨、美丽复叶耳蕨、狗脊、边缘鳞盖蕨、贯众、井栏边草	毛竹、枫香、浙江楠	溪涧旁坡地阴面	半阴	红壤土	119.1	云栖竹径
Q6	土生型	齿头鳞毛蕨	狗脊、边缘鳞盖蕨、假异鳞毛蕨、红盖鳞毛蕨、阔鳞鳞毛蕨、齿头鳞毛蕨	珊瑚朴、冬青、桂花、枫香、苦槠、檀树、毛竹	附生游步道旁垂直阴坡面	半阴	腐叶土	41.5	动物园
Q7	石上附生型	江南星蕨	—	枫香、女贞、香樟、麻栎、鸡爪槭	水池边的背阳面驳墈	半阴	—	28.5	虎跑
Q8	石上附生型	倒挂铁角蕨	阔鳞鳞毛蕨、扶芳藤	苦槠、杜英、山矾	岩石或石块较多的山坡地阴面	半阴	红壤土	45	九溪

续表

群落编号	生活型	优势种	草本层	上层乔（灌）木	分布地	光照	土壤类型	海拔（m）	生长区域
Q9	石上附生型	线蕨	齿头鳞毛蕨、斜方复叶耳蕨、长江蹄盖蕨、草质假复叶耳蕨、疏羽凸轴蕨、黄独	浙江楠、杜英、锦屏藤	山涧谷地两旁的岩石	半阴	腐殖土	78	九溪
Q10	石上附生型	石韦	平行鳞毛蕨、齿头鳞毛蕨、毛轴碎米蕨、线裂铁角蕨	—	山涧垂直阳面	阳	沙壤土	52.5	九溪

表 3　西湖山林蕨类自然群落景观观赏价值分析

群落编号	生态类型	观赏价值
Q1	土生型	春天新叶呈红色，后期从绿转黄绿。与野荞麦共同构成毛竹林下层整齐而有色彩变化的地被景观
Q2	土生型	优势种姬蕨突出，三回羽状复叶，大型的三角形叶交织覆盖在地被层，颜色翠绿，质感柔和秀美
Q3	土生型	游步道旁探生出片片绿色羽毛状的垂直绿墙
Q4	树上附生型	高大的水杉树基部生出的绿色蕨，不同于热带蕨附生树干那样显眼，清新低调
Q5	土生型	优势种色泽明亮，三回小羽片细腻、清新、碧绿，搭配革质大叶的凤丫蕨、深绿卵形叶的贯众以及线形叶的井栏边草，丰富多姿
Q6	土生型	群落以鳞毛蕨属为主，叶形统一中有变化，叶呈多样的深浅绿色
Q7	石上附生型	倒挂的江南星蕨长阔披针形叶如绿色瀑布一样生长在水池的驳勘上
Q8	石上附生型	倒挂铁角蕨黑色叶柄串起翠绿的小羽片，贴合布满苔藓的岩石蔓延生长，成熟叶呈深绿色，一簇簇从岩石边舒展出来
Q9	石上附生型	山涧谷地两边覆盖的绿色围墙，一回羽裂的线蕨似扇子层层生长于岩石层上
Q10	石上附生型	平行鳞毛蕨春季叶色粉红，石韦叶片革质、叶背面银灰色，群落景观颜色变化显著

2.3.3　景观效果

蕨类自然群落景观的观赏特征主要体现在四季色彩的变化和形态、质感的多样性。在园林绿化中，可以是营造野趣自然的蕨类地被，也可以作为垂直坡面保持水土的绿化材料，特别对于较为阴蔽的山地公园是良好的丛植、群植的绿化材料。

以位于九溪烟树群落 Q10 中的平行鳞毛蕨为例，春季呈卷旋状深红色的幼叶一根根探出身子，到了初夏就舒展成一片片粉色的羽毛景象，再过半个月就形成红绿叶片相间的景观，虽然无花，却比开花景观更奇特绝美（图 3、图 4）。而如群落 Q3、群落 Q5、群落 Q6 的景观则是以不同大型蕨混生在游步道旁形成的绿墙（图 5），给人飘逸洒脱的自然野趣之美，绿色深浅相间，叶质厚薄相衬，从一回羽状到三回羽状分裂，不同的形态构成了统一中有变化的绿色景观，到了孢子成熟时，密密着生的红色圆形盖、褐色肾形和线形的孢子囊群也是蕨类群落能呈现出的独特风景。

图 3 初春卷旋形幼叶景观

图 4 初春卷旋形幼叶景观

图 5 Q3 蕨类自然混生景观

3 总结与建议

西湖山林景区的野生蕨类资源可以通过一定的人工扩繁成为良好的园林绿化材料，如大型蕨类可以用作地被材料，弥补景区地被植物明显单一、缺少变化的缺憾。同时，部分石生种也是营造岩石园景观的良好材料。虽然蕨类植物可以用于城市绿化中林荫地、背阴面或土壤瘠薄地，且有待利用的蕨类植物还有很多，但其对光照、土壤、湿度等环境因素的综合要求较高，需要研究者或应用者能充分运用一些适应能力强、观赏价值高的蕨类，认真进行繁殖养护技术的探索，在实现人工商品化繁殖的同时真正应用在园林造景中。

[参 考 文 献]

〔1〕董丽. 蕨类植物景观设计要点解析[N]. 中国花卉报，2007-02-08（8）.

〔2〕陆树刚，陈风 . 论蕨类植物生态类型的划分问题 [J]. 云南大学学报（自然科学版）, 2013, 35（3）: 407—415.

〔3〕张宪春 . 中国石松类和蕨类植物 [M]. 北京：北京大学出版社，2012.

〔4〕浙江植物志编辑委员会 . 浙江植物志：第一卷 [M]. 杭州：浙江科学技术出版社，1993.

西湖孤山文澜阁是世界上最早的公共图书馆

顾志兴

[摘　要] 清代乾隆皇帝主持编纂的《四库全书》是一部有极高文献学术价值的丛书。《四库全书》当时共手抄四部，分贮于紫禁城皇宫文渊阁等四阁，主要为保存文献，即“北四阁”；乾隆帝命人续抄三部，分贮于江浙，即“南三阁”。据文献史料研究可知，西湖文澜阁是世界上最早对外开放的公共图书馆。文澜阁建在西湖孤山，增加了西湖的文化底蕴，西湖因文澜而增辉。

[关键词] 四库全书；文澜阁；公共图书馆

我认为最能代表人类文明的是书籍，书籍是人类文化的载体。研究杭州文化的发展进程，有两个重要的节点：一是南宋的秘书省（类似今国家图书馆）的建立；二是清乾隆时皇家公共图书馆文澜阁的建立。这对杭州文化名城的发展起到至关重要的作用，影响至深至巨。十分凑巧的是，中国这两个世界上最大的政府图书馆和公共图书馆都设置在今日的西湖风景区范围内。南宋秘书省在南宋天井坊之东，今吴山景区北部；文澜阁则在西湖风景区的核心地块，今孤山景区内。

先简说南宋秘书省。秘书省是宋代的官署，其职能是掌管古今经籍、国史、实录、天文历算等，具有今国家图书馆的主要职能。宋高宗重视文教事业，绍兴元年（1131）驻跸越州，那时还在戎马倥偬之中即恢复秘书省建置。绍兴十三年（1143），将籍没的岳飞故宅改建为太学（国家最高学府）和国子监。就在太学和国子监即将毕工之际的同年十二月，宋高宗接受秘书丞严抑的建议，重建秘书省办工用房和书库，建新屋150余间，成为南宋京城一个庞大的建筑群。人所共知，高宗定临安（今杭州）为行都，以旧杭州州衙为临时宫殿。据载，初时有用芦箔搭建的殿所，为议事之处，在国家财力十分困难之际，却建了一个有150余间房屋的秘书省，足见高宗对文教事业的重视。其意义是促进了杭州文化事业的发展，使南宋公私藏书事业在中国藏书史上占有重要的一页。同时，在“今天下印书，以杭州为上”（叶梦得《石林燕语》卷八）的基础上，杭州的刻书业得到空前发展，从秘书省辐射到御街（今中山路一线），成为当时全国也是全世界最大的书籍流通市场。其影响所及，一直延续至明清时期，正如胡应麟在《少室山房笔丛》卷四《经籍会通四》中所云：“今海内书，凡聚之地有四：燕市也，金陵也，阊阖也，临安也。”这个基础就是南宋时打下的。

爱新觉罗·弘历是在清乾隆三十七年（1772）十一月二十五日读到时任安徽学政朱筠的《奏请购访遗书及校核〈永乐大典〉意见折》的基础上形成编纂《四库全书》的设想的。次年二月二十一日针对大学士刘统勋等校《永乐大典》条例并请拨房添员等事的折子上批示：“是。依议。将来办理成编时，着名‘四库全书’。钦此。”①

〔作者简介〕 顾志兴，浙江省社会科学院研究员，原浙江省地方志编纂委员会办公室副主任，研究方向为浙江地方文献、浙江地域文化、西湖文化以及版本目录学、藏书、刻书等，主要著作有《浙江藏书史》《浙江印刷出版史》等。

① 《纂修四库全书档案》，上海古籍出版社，1997年，第60页。

这样，事情就起了很大的变化，即是从开始的一般意义上的广征天下遗书加以收藏，以资治理国家，从而提出编纂大型丛书《四库全书》。可以说编纂《四库全书》乃是乾隆帝和他的大臣们的共同设想和结晶，为中华文化做了一件大好事。这部《四库全书》收书共3503种，合起来的卷数为79337卷，总字数将近10亿，以经、史、子、集传统的四部法分类，故称《四库全书》，为现今世界上最大的一部丛书，西方国家的任何一部大型百科全书都无法望其项背。值得一提的是，这部《四库全书》除了收录国人的学术著作外，还收录了当时西洋人的著作，如意大利人龙华民、罗雅各、利玛窦、熊三拔，德意志人邓玉函、汤若望，希腊人欧几里得，葡萄牙人阳玛诺等关于数学、天文、历法、奇器、水利等方面的自然科学著作，此外还收录了日本、朝鲜、越南等国学者研究中国古籍及朝鲜、越南的史著等。可以说《四库全书》收录范围很广，当时已经放眼世界。

一、“北四阁”与“南三阁”

为说清问题，先说北四南三七阁。乾隆帝主持编纂的《四库全书》，当时共组织大批人员抄写了七部，分贮七处。“北四阁”的贮藏地，一为北京紫禁城皇宫禁地的文渊阁，清乾隆三十九年（1774），乾隆帝撰《文渊阁记》，于四十一年（1776）建成，库书于四十七年（1782）入藏。1937年七七事变后，为保护库书，随着抗战局势的变化，先迁上海，继迁重庆，抗战胜利后迁南京。1949年，迁台湾省台北市，现藏台北“故宫博物院”。一为北京圆明园文源阁，乾隆三十九年（1774），乾隆帝撰《文源阁记》，于四十年（1775）建成，库书亦于四十七年（1782）入藏。咸丰十年（1860），英法联军攻入北京，火烧圆明园，阁与书俱毁于此役。阁毁书亡，文源阁是遭遇最悲惨的“北四阁”之一。一为文津阁，乾隆三十九年（1774），乾隆帝撰《文津阁记》，建成于四十三年（1778），在热河（今河北承德）避暑山庄，五十年（1785）入藏库书。民国三年（1914），内务部将文津阁本库书运至北京。自此，书与阁分离。次年，移交京师图书馆，今藏中国国家图书馆。一为文溯阁，在盛京（今辽宁沈阳）清故宫，乾隆四十七年（1782），乾隆帝撰《文溯阁记》，《四库全书》于同年入藏。1931年“九一八”事变后，库书及阁均沦于敌手。1948年东北解放后，由东北人民政府文物处接管。1966年，因战备原因，文化部将库书交付甘肃省图书馆保管至今。

“北四阁”的藏书地点都是乾隆帝钦定的：一部藏于皇宫大内，是皇都帝室首选之地，“爰于文华殿后建文渊阁以待之”（《文渊阁记》）；圆明园之文源阁，是“就御园中隙地”指定而建的；文溯阁是为了“不忘祖宗创业之艰，示子孙守文之模”而建而藏（《文溯阁记》）；而热河避暑山庄“地灵境胜，较之司马迁所云名山之藏，岂啻霄壤之分”（《文津阁记》）。可以说这“北四阁”的选择也是乾隆精心思考而定的。

“北四阁”所藏库书，主要在于文献保存价值，除了圆明园的文源阁与库书因外国人的入侵战争而毁灭外，余三阁均保存完好，由于防霉、防蠹等措施较好，二百多年来未闻发生霉变、蠹蚀等情况，这也可说是个奇迹。

应该指出的是，“北四阁”的《四库全书》利用率极低。检核文献记载和诗文等，仅知乾隆帝曾翻阅过圆明园库书，而读得最多的是文津阁本，因而发现，其中差错和违碍内容，有的竟是全书未抄的白页，因而震怒，重罚总校官陆费墀。由于“北四阁”均在皇家禁地，是典型的皇家官府的封闭式藏书，进入民国时代尤其是中华人民共和国成立后，文渊阁、文津阁、文溯阁《四库全书》在有识之士的倡议下才充分发挥其文献学术价值，受到科研工作者的重视，这也是不争的事实。

“南三阁”分别是镇江金山寺的文宗阁、扬州大观堂的文汇阁和杭州西湖的文澜阁。这三阁的性质相同，都是乾隆帝下旨命建的。镇江文宗阁是乾隆四十四年（1779）建阁，五十二年（1787）

库书入藏，至五十五年（1790）完成入藏。道光二十一年（1841），遭鸦片战争兵祸，库书有所损失。咸丰三年（1853），太平军入镇江，阁与书皆毁于战火。扬州文汇阁于乾隆四十五年（1780）建阁，五十二年（1787）库书入藏，至五十五年（1790）入藏完毕。咸丰三年（1853），太平军入扬州，阁与书俱毁于战火。幸运的是，“江南三阁，文澜独存”，当然这是经过浙江杭州的文化人、官员、商人的共同努力才保存下来的，其间可歌可泣的感人事迹值得我们永远记取。

二、“南三阁”是乾隆帝为江南读书人创建的当时世界上最大的公共图书馆

前已简述“南三阁”中的镇、扬二阁俱毁于太平军入扬、镇二地之时，两阁的文献档案同时毁弃，未闻有新的发现，故本文所论均以杭州文澜阁为例。

我以为公共图书馆，无论中外古今都具有三个特征：第一，由政府出资主办，或由地方人士出资捐办再交由政府管理，或指定专人负责管理，即这个藏书楼（中国传统的称法）或是图书馆（西方国家的称法）的房产、图书的属性是公共的，不是私产。第二，所藏书籍是向全民开放的。只要是在这个地方居住的读书人，甚或外省人士，凡遵守馆方规定的制度，作出爱护图书和有关设施的承诺，都有进入馆内读书的权利，任何人不得加以限制。也就是说，公共图书馆是向全民开放的，读者对象没有任何身份职业的限制。第三，公共图书馆是非营利性的，创办图书馆是为国家和地方培养人才，这是根本目的之所在。

按照对公共图书馆本质属性的认识，我以为文澜阁完全具备这三项基本要求。下面结合文献史料加以论证，主要论述前两项，第三项不言自明。

首先，文澜阁的建筑、藏书都是公产。

清乾隆四十七年（1782）第一份《四库全书》缮成以后，即将入贮紫禁城的文渊阁时，乾隆帝在是年七月初八这天一连下了三道上谕（即常所说的“圣旨”），其中两道均与杭州文澜阁有关，其一说：

> 朕稽古右文，究心典籍，近年命儒臣编辑《四库全书》，特建文渊、文溯、文源、文津四阁，以资藏庋。现在缮写头分告竣，其二、三、四分限于六年内按期蒇事，所以嘉惠艺林，垂示万世，典至巨也。因思江浙为人文渊薮，朕翠华临莅，士子涵濡教泽，乐育渐摩，已非一日，其间力学好古之士、愿读中秘书者，自不乏人。兹《四库全书》允宜广布流传，以光文治。如扬州大观堂之文汇阁、镇江金山寺之文宗阁、杭州圣因寺行宫之文澜阁，皆有藏书之所，着交四库馆再缮写全书三分，安置各该处，俾江浙士子得以就近观摩誊录，用昭我国家藏书美富、教思无穷之盛轨[①]。

在这道上谕中，乾隆帝明确指定杭州圣因寺为藏书之所，并规定“此次续缮《四库全书》三分，俱着发给内帑银两，雇觅书手缮写”。“南三阁”的三份《四库全书》一共花费了多少银两？检有关档案，未见明确记载。但乾隆帝于四十九年（1784）第六次南巡到杭州，曾驾临文澜阁巡视，作《题文澜阁》《趣亭》《月台》三诗，《文澜阁》诗第二联“班佣此实官帑发，卢径彼殊众力扛”下有自注云：“是以后次续缮全书三分，饬发内帑银百余万两，觅书手予值缮写。”[②] 从这条乾隆帝的自注可以看

① 中国第一历史档案馆编：《纂修四库全书档案》，上海古籍出版社，1997年，第1589页。

② 弘历：《御制诗五集》卷六，文渊阁《四库全书》本。

出江南三阁《四库全书》仅抄写人的工资即需一百余万银两，以整数而言即达一百万两银子，每部库书的抄写工资为三十三万余两银子，而上好的泾县纸、笔墨等费用均不计在内。可见,《四库全书》为国家公产当无疑问。

其次，文澜阁于乾隆四十九年（1784）建成，初建工料费用耗银一千五百二两整，这是浙江商人何永和等捐的，并得到乾隆帝的赞同。他早在四十七年（1782）九月初二日批复闽浙总督陈辉祖的奏折中说："商总等呈请捐项自办，该处改建文澜阁，出自伊等情殷桑梓，踊跃输忱，尚可准行。"这是一笔费用，还有《四库全书》的装潢也是一笔不小的费用。据《文澜阁志》卷上载，原贮东书堂的《古今图书集成》为黄绢面，而《四库全书》经部为葵绿绢面，史部为红绢面，子部为月白绢面，集部为黑灰绢面，"每函用香楠木匣收储，匣内衬以香楠夹板，便抽纳也。素绫牙签，册中夹冰麝樟脑包各二以辟蠹"，再加上香楠木做架贮藏。《四库全书》装帧是那样豪华，防蠹防霉的措施是那样尽善尽美，我翻检过一些史料，在18世纪，世界上还找不出第二例。建阁等费用是浙商主动捐给国家的，自然也是公产。

这里要特别指出的是，文澜阁，杰阁巍峨，美轮美奂。人所共知，乾隆帝为建设"北四阁"时听闻江南天一阁藏书二百余年，认为此中定有精义，故特命杭州织造寅前往实地调查，"烫成准样，开明丈尺呈览"。大内禁宫的文渊阁就是按天一阁的图样并有所改进而设计建造的，而杭州的文澜阁则是按北京文渊阁的图样而建的，可说是一脉相承。

我曾多次登临天一阁、文澜阁，对两阁的形制和贮书方式进行过认真的比较研究。我的结论是，乾隆帝在书阁的建造中也确下过一番心思，文渊阁不是简单地模仿天一阁，而是取其"天一生水，地六成之"的精义，在建筑上大有改进，更科学、更宏敞，两者不能简单类比。

文澜阁自乾隆四十九年（1784）建成，存世77年，于咸丰十一年（1861）太平军入杭时遭破坏而倾圮，又过了19年后的光绪六年（1880）十月初八日丑时动工重建，十一月二十八日上梁，次年三月毕工。现今西湖的文澜阁，除当时条件限制，屋顶的黛青琉璃瓦改成普通民居的小黑瓦以外，余皆与原阁无异，盖因其时熟悉文澜阁的旧人尚在，又因原阁为乾隆敕建，谁也不敢有丝毫的乱改乱动。从今日尚存之文澜阁与天一阁比较可以看出，天一阁宝书楼是极普通的江南二层民居式的建筑，而文澜阁虽外观为两层，实为三层，运用清代的"偷工造"法，利用上层楼板之下的腰部空间多造了一夹层。这种造法既节省工料，又增大空间，且可利于通风干燥，极便贮书。这是那个时代设计最先进的图书馆舍，且配置了约3.6万册的《四库全书》，加上原贮行宫东书堂的数千册《古今图书集成》的初印本（据有关材料证明，《古今图书集成》的初印铜活字本仅印60余部，也是十分珍贵的图书），可见这个图书馆的馆舍与图书硬件均为公产，我想不存疑问了。

三、文澜阁《四库全书》的读者对象为普通士子

关于文澜阁《四库全书》的读者对象，乾隆帝在乾隆四十七年（1782）七月初八日上谕中说得很明白："着交四库馆再缮写全书三分，安置各该处，俾江浙士子得以就近观摩誊录，用昭我国家藏书美富、教思无穷之盛轨。"这道谕旨说得很清楚，国家花了大钱抄《四库全书》，藏于江南三阁，供江浙士子阅读，没有别的附加条件。为此，他亲自落实文澜阁的建造地点，亲自起好的阁名。乾隆四十九年（1784）年初，正当"南三阁"的三部《四库全书》缮成陆续颁发之际，乾隆帝又为库书的使用问题专门发了一道上谕，重申颁赐库书的目的是嘉惠士林，使士子得以就近抄录传观，但他对地方官员的"做派"深有了解，很可能使库书到后深扃阁中，"名至而实不归"，士子无缘得见。针对此情况，他在二月二十一日的上谕中说：

> 第恐地方大吏过于珍护，读书嗜古之士无由得窥美富，广布流传，是千缃万帙徒为插架之供，无裨观摩之实，殊非朕崇文典学，传示无穷之意。将来全书缮竣，分贮三阁后，如有愿读中秘书者，许其陆续领出，广为传写[①]。

这是皇帝的命令，再次强调库书必须公开让士子“陆续领出，广为传写”。

又过了六年，即乾隆五十五年（1790）文澜阁正式开放之际，乾隆帝又于五月二十三日颁发上谕：

> 从前曾经降旨，准其赴阁检视抄录，以资搜讨。但地方有司恐士子等翻阅污损，或至过为珍秘，阻其争见快睹之忱，则所颁三分全书，亦仅束之高阁，转非朕搜辑群书、津逮誉髦之意。……着该督抚等谆饬所属，俟贮阁全书排架齐集后，谕令该省士子，有愿读中秘书者，许其呈明到阁抄阅，但不得任其私自携归，以致稍有遗失[②]。

这是乾隆帝下的“南三阁”库书公阅的第三道上谕。可谓三令五申，哪个督抚敢违令不准？至于谕令该省士子“许其呈明到阁抄阅，但不得任其私自携归，以致稍有遗失”，这是皇帝对保护库书的明文规定。我看这时的乾隆帝有点像文澜阁图书馆馆长亲自写“借阅规则”了。

镇扬二地的文宗、文汇二阁的情况由于种种原因，未见书面材料，而杭州文澜阁是不折不扣地执行乾隆帝的谕旨的。从有关材料我们见到有一些学者、读书人到文澜阁阅书校书，即使在文澜阁库书遭太平运动战火劫难，清光绪间重建故阁及历三次补抄后，至今依然对读者开放，三百余年来一直如此。当然，文澜阁《四库全书》经杭州出版社于新世纪初重印后，人们感到十分方便，办法有所改变，但原书对研究者仍然开放。

根据我的初步研究，自清至民国间至少有如下学者和读书人到阁读书：清代有汪中（1744—1794）、孙星衍（1753—1818）、阮元（1764—1849）、刘凤诰（1761—1830）、朱绪曾（1805—1860）、陈奂（1786—1863）、胡培翚（1782—1849）、谢启昆（1737—1802）、张金吾（1787—1829）、钱熙祚（？—1844）、钱泰吉（1791—1863）、陆心源（1834—1894）、孙衣言（1814—1894）、马一浮（1883—1967）。又民国早年著名藏书家宁波张寿镛为辑刻《四明丛书》、青田端木彧辑《处州丛书》亦从文澜阁抄录该地先哲遗书。至于清嘉庆以后浙江各地为修府县志，到文澜阁抄书的更是数不胜数。中华人民共和国成立后，到浙江图书馆读《四库全书》的学者更多，据我所知，如科技史学家、文献学家胡道静为著述命我抄文澜阁库书；中国印刷史专家、国家图书馆张秀民多次赴浙图阅《四库全书》，成其著作；中华书局原总编傅璇琮、中国社科院学部委员陈高华等曾由我陪同前往浙图总馆阅书，并为论证影印《四库全书》作准备。民国至今，浙图借阅文澜阁库书有严格的登记制度，可以看到有更多学者来读库书，此不赘述。当然上面所列是个挂一漏万的名单，但亦可看出文澜阁库书确实是发挥了极大的作用，对浙江的文化建设、人才培养作用尤大。

综上所述，无论从文澜阁的硬件设施、图书藏量之多、图书之精美豪华、保管方法之科学完善，还是向社会开放、读者对象是识字的普通百姓来说，在18世纪，世界上是找不出第二个的。文澜阁是世界上当之无愧的第一个大型公共图书馆，这个结论应该没有问题。

四、文澜阁是西湖文化景观的杰出代表

西湖成为世界的文化遗产之一，主要依据：其一是自然的山水风光；其二是丰富的文化内涵，

① 中国第一历史档案馆编：《纂修四库全书档案》，上海古籍出版社，1997年，第1768页。

② 中国第一历史档案馆编：《纂修四库全书档案》，上海古籍出版社，1997年，第2189页。

藏书文化即其内容之一，而文澜阁则为其杰出的代表。就私人藏书而言，西湖风景区九溪的徐村即有西晋范平（218—280）藏书，见于《晋书》卷九一《儒林传》记载，称其“家世好学，有书七千余卷”，是中国最早少数的几位私人藏书家之一。及之唐五代，杭州钱王后裔在凤凰山景区亦有私人藏书活动。及之两宋时期，北宋钱龢（亦为钱王后裔）有灵隐九里松“钱氏书藏”，苏东坡来杭，曾为其题写“钱氏书藏”匾额。清波门有周辉以藏书著述为乐。才女李清照于离乱中居杭州清波门一带，尚有零册携来，保存其夫赵明诚《金石录》手稿，后撰名文《金石录后序》。有苏武之誉，留金十五载不屈的洪皓，性好藏书。留金期间，千方百计抢救北宋故国文献，后携回献于秘书省，家居北山葛岭续事藏书。此外，南宋时贾似道及门客廖莹中以藏书刻书称名于世，其居在北山半闲堂与香月邻。及元之世，西湖南山有金应桂荪壁山房藏书、张雨有西湖浴鹄湾石室藏书、杨维桢有铁崖岭（在吴山、万松岭间）藏书。明代苏堤跨虹桥畔有高廉妙赏楼藏书，虞淳贞有灵隐猿穴居、八角团瓢藏书，冯梦祯有孤山快雪堂藏书，等等。清代为杭州藏书鼎盛时代，多在城中，但西湖风景区黄泥潭有朱樟“一半勾留”藏书。及至民国及共和国时期，西湖景区有西湖蒋庄马一浮藏书，钱王祠边王修、温甸诒庄楼藏书，李理山玉皇山福星观丹井书屋藏书，等等。西湖书香代代相传。

就公藏而论，南宋秘书省在吴山景区内，有书屋150余间，藏书达数万卷，堪称当时世界上最大的政府图书馆之一。600年后，清乾隆帝又在孤山西湖景区建立了世界上最早、规模最大、所藏书籍最为精美的公共图书馆——文澜阁。而清末宣统三年（1911）立项、民国元年（1912）建成的浙江图书馆就建在文澜阁之西。纵观历史，西湖堪称书香满湖，源远流长，这在全世界任何一个风景区都是找不出来的，堪称世界第一。

文澜阁的建成至少为西湖增加了两大优势，一是为西湖增添了一个有深厚文化内涵的美景。清代康熙间孤山建有行宫，乾隆帝南巡杭州也时时驻跸于此。行宫为皇室禁地，只能远观而不能近前，更不能登堂入室，一窥真容。但文澜阁不同，虽也是皇家藏书室，却能入内参观、读书，在当时来说美轮美奂。杰阁巍峨的文澜阁，本身就是西湖一景。文澜阁的主管部门是浙江盐务部门，这是乾隆帝设想周到。公共图书馆是一个真正的耗钱的部门，只有投入，没有产出，常年经费、每年夏日的晒书和冰麝等护书消耗物品需随时增添，故乾隆帝指定当时浙江盐务部门为主管部门；清代盐务部门经费最为充裕，文澜阁的常年经费就有保障。《两浙盐法志》卷二有段文字描述新建的文澜阁说：“阁在孤山之阳，左为白堤，右为西泠桥，地势高敞，揽西湖全胜。外为垂花门，门内为大厅。池中一峰独耸，名仙人峰。东为御碑亭，西为游廊，中为文澜阁。”志书的文字一般比较枯燥，但这段文字却能状物写景，将文澜阁描绘出来了。民国至共和国成立以后，出版了大批西湖导游之类的书籍，几乎无不将文澜阁列入西湖的游览景点之一。

事实上自文澜阁建成，《四库全书》排架允许公阅抄录之后，西湖出现了一批特殊的游客，我为之取名为书客，为到文澜阁读书抄书，常常有成群结队或零散的游客，他们有的租赁湖舫，有的步行前来阅书。清道光间上海金山钱熙祚，曾组织南汇张文虎和同里顾观光雇了一批抄胥三次来孤山借书抄书，每次三五十人。张文虎《孤麓校书记》云：“乙未冬，雪枝辑《守山阁丛书》时苦无善本。约同人侨寓湖上之杨柳湾。其地去孤山二里许，面湖环山有楼；楼集群胥（顾按：胥，抄书人），间日棹扁舟诣阁领书。钞毕，则易之。”又有《湖楼校书记》述此次抄校甚详，文字颇具文采，富诗情画意：

> 门对湖堤，杨柳成行，绿阴无际，时与烟波竞媚湖山。启窗凭眺，湖山在望。与顾尚之、钱雪枝早登文澜，暮宿湖滨，烟雪晨昏，湖光峦影，照映其间，其迹象又何其幽媚欤！

钱熙祚有诗题咏此次校书：

杨柳湾边僦小楼，画中诗意镜中秋。

清风入座丹黄罢，四壁湖山作卧游。

这样的诗文，既纪实，叙数十人文澜抄书雅事，留下了弥足珍贵的文澜阁对外开放的史料——既可到阁阅书抄书，又可借出到寓所抄录，又是对西湖景色的赞美，是佳好的西湖旅游美文美诗。

钱熙祚、张文虎等率队前来抄书，前后达三次，都留下诗文，这对西湖和文澜阁都是极好的宣扬。

五、文澜遗韵泽被后世

文澜阁建在西湖，《四库全书》藏在西湖，这是文澜之幸，也是西湖之幸。文澜阁《四库全书》使西湖增加了深厚的文化底蕴，更重要的是作为世界上第一个公共图书馆，对提升杭州以至浙江，甚或江浙以至全国的文化事业的发展都产生了巨大的影响。有人以为杭州这座文化名城的发展有两个重要的节点：一是南宋建都杭州，二是清代建文澜阁贮《四库全书》于杭州。关于文澜库书直接受惠的学者，前已简述，此处主要述及在文澜精神影响下，浙江公共图书馆事业的发展，对提升杭州以及浙江文化的影响。

世界各国古往今来凡重视民族文化的都办有藏书处所。不过叫法不同，西方称图书馆，而中国称藏书楼，或某某阁，其理一也。文澜遗韵，泽被后世，我以为影响最大的即是将私书化为公书，供众人阅览，其潜移默化的作用不可低估。

清光绪二十九年(1903)浙江学政张亨嘉与浙江巡抚聂缉规商定，扩充杭州藏书楼为浙江藏书楼，章程规定："书楼之设，原以广开民智，造就人才。无论进士举人，贡监生员，但志在通知古今中外者，均准借书阅书。"[①] 从中可以看出，这条阅书章程实与当年乾隆皇帝上谕中的"如有愿读中秘书者，许其陆续领出广为传写"精神完全一致，只是具体化而已。张亨嘉在《浙江藏书楼碑记》中说得更为清楚明白：

> 光绪二十八年，余来视学浙中，俯仰文澜阁遗迹，思有以敬承之。而杭之东城，故有书楼，盖本讲舍之遗址也。余以邵吉士章、胡部郎焕等言，躬往案视。见其地居僻左，屋宇湫隘，且储书未广，无以餍闳阅者之心，因谋扩充其制，度地于城之中央，商之抚部聂公缉规、行省翁公曾桂，借官钱奏请改进，增拓规模，广置图籍仪器，俾官绅士之愿学者，均得恣其渔猎，以冀读书者众，而豪杰之士出于其中，稍阐文澜阁藏书之精意，非仅规抚西法已也。从来国家之兴，务必明教育而开知识，乃能自卫其强，而爱国之心益固。……东西各国，强弱有时，大小不一，然学优则民智，学拙则民愚，智者日著富强之效，愚者立见危亡之忧，此其彰明较著也。书楼之法，辅学堂以行，在各国最称善政，定知夫中国圣人已先百年为之者！[②]

张亨嘉是文澜精神的阐述者和践行者，可说识见不凡。回顾历史，文澜精神影响所及，先有嘉庆间黄澄量创余姚五桂楼，咸同间温州藏书家孙衣言、湖州陆心源均有藏书公阅之举，与文澜精神不无关联，或者说是在文澜精神影响下，乃有此举。此后宣统元年（1909）浙江巡抚增韫上《奏创浙江图书馆归并扩充折》在文澜阁西建的浙江图书馆乃是文澜精神的化身，为国内最早建立的几个省级公共图书馆之一。《四库全书》也找到了新的安身之所。

---

① 《浙江藏书楼甲编书目》，清光绪三十三年（1907）刊本。

② 《浙江藏书楼志略》，清光绪三十三年（1907）刊本。原碑尚在。

在文澜精神影响下，两浙地区公共图书馆纷纷建立，清光绪二十六年（1900）十月，由杭州地方绅士邵章、胡焕呈请就菜市桥河下东城讲舍创办杭州藏书楼，此为政府主办的公共图书馆（后扩充为浙江藏书楼）。清光绪三十年（1904）时属杭州府的海宁州（今属嘉兴市）由州民祝鼎等呈请以盐官海神庙水仙阁为馆地，馆名与世界接轨，径称海宁图书馆。

除杭州外，与此同时，浙西的嘉湖两府都办起了图书馆，嘉郡称嘉郡图书馆，湖郡称海岛图书馆，均为民国及今之嘉湖两地图书馆之前身，其间脉络班班可按。浙东诸府中，宁绍两地开风气之先。清光绪十年（1844）宁绍台道薛福成用公款于官廨之西的揽秀堂置图书，对外开放，供士子诵读，为民国和今之宁波图书馆前身；在绍兴则有徐树兰以个人之力创办古越藏书楼，而后向绍兴府呈报归公，特别提到："伏念高宗纯皇帝特设文宗、文汇、文澜三阁，备庋秘籍，津逮后学。由是江浙人文甲天下，成效昭然。"古越藏书楼是中国首家以个人之力，并向政府立案捐赠社会的公开图书馆，为民国至今的绍兴图书馆的前身。

文澜在西湖有幸，西湖有文澜增辉！

释契嵩记咏西湖早期茶事发微

洪尚之

［摘　要］北宋前期名僧契嵩在其《武林山志》中两次言及“（美）荈”，两处提到白居易烹茗井；他同诗友合作的“山游唱和”组诗也有数首涉茶。这些诗文有助于诠释与印证西湖早期“贡茶”名品“白云”“香林”的来历与品质，进而言之，释契嵩《镡津文集》中有关杭州西湖山水景观人物风情的篇章和内涵，值得探究与发掘。

［关键词］契嵩；《武林山志》；美荈；《山游唱和诗》；《镡津文集》

今人述杭州西湖产茶之初始，每每引公元9世纪陆羽《茶经》所记，证以白居易与僧人韬光的茶事互动诗章。但是在这段“佳话”之后，叙述就发生了“跳跃”——一般，会直接引用《梦粱录》和南宋临安诸志中的材料[①]，称西湖的“香林”“白云”“宝云”三种茶属于“贡品”，证以林逋（或作苏轼）有传世诗句“白云峰下两枪新，腻绿长鲜谷雨春”，云云[②]。然而，五代吴越国至北宋前期（且以仁宗嘉祐八年即1063年为止）西湖产茶史的直接史证材料，却往往付诸阙如，令人有该时期西湖茶史似乎只有通过间接史料引用论述才能成立之感。

那么，西湖存世史料情况果真如此吗？否。且不说，吴越国在杭州开王府割据东南十四州之后，向中原“正统”政权（如后晋、后梁、后周和建朝之初的北宋）献纳的贡品曾包括大量茶叶[③]，到北宋前期仁宗朝，杭州已经设有“茶库”机构并委任了“监茶库”官员[④]（详后文），更有当时名僧在自家著述中明确记载西湖灵隐、天竺山中出产“美荈”（亦即好茶或“佳茗”）。这位名僧，就是“明教大师”佛日契嵩。

一、释契嵩生平、学识与性情

释契嵩（1007—1072），字仲灵，自号潜子，俗姓李，北宋藤州镡津（今广西藤县北）人，宋仁宗

［作者简介］洪尚之，杭州市西湖学研究会会员，杭州国际城市学研究中心客座研究员。

① 见吴自牧《梦粱录·卷18·物产·货之品·茶》:宝云茶，香林茶，白云茶。又宝严院垂云亭亦产。东坡以诗戏云:“妙供来香积，珍烹具大官。拣芽分雀舌，赐名出龙团。”浙江人民出版社，1980年，第163页。陈仁玉等（旧作施谔）纂《淳祐临安志·卷8·山川·城西诸山·白云峰》，《杭州掌故丛书·南宋临安两志》，浙江人民出版社，1983年，第149页。以下引该书皆同一版本，不再出注。

② 如陈崇懋主编《中国茶叶大辞典》“西湖龙井”词条，中国轻工业出版社，2000年，第24页；又中国茶叶博物馆编《话说中国茶·第一篇·第三章·宋代茶文化·三、宋代名茶》，中国农业出版社，2011年，第32页。

③ 如吴任臣《十国春秋》多次提到吴越国进茶及贡茶的记录，其中卷78记:“（宝正三年秋八月）闰月，王使袁韬进唐白金五千两，茶二万七千斤，谢恩。”同书卷79又记:“天福三年冬十月丙戌，贡大茶、脑源茶二万四千斤，又进大排方通犀瑞象腰带一副。”中华书局，1983年，第3册，第1101页、1124页。元脱脱等《宋史·卷480·列传第239·世家3·吴越钱氏》记:“三年三月，来朝，……假贡白金五万两、钱万万绢十万匹、绫二万匹、绵十万，屯茶十万斤、建茶万斤。”中华书局，1977年，第40册，第13901页。以下引本书皆同一版本，不再出注。

④《宋史·卷443·列传第202·文苑5》，第37册，第13097页。

宝元元年（1038），他由浔阳（今江西九江）入吴地至钱塘（杭州），“乐其湖山，始税驾焉”①。这是一位热爱自然山水风光、赏识杭州湖山景观的僧人。

到钱塘（杭州）后，契嵩除一度赴居会稽（今浙江绍兴）外，自皇祐五年到至和三年（1053—1056，至和三年九月改元嘉祐），居钱塘石壁山（其地有保寿、栖真和保圣［胜］诸佛寺，在今西湖云栖三聚亭以西）②。是年九月改元嘉祐后，移居灵隐寺永安院（精舍）③。时值欧阳修等人提倡古文运动，排佛尊儒。契嵩虽然也赞同古文运动，但他同时致力于撰作《原教》《孝论》《辅教编》等，以佛僧而对儒家中庸思想给予系统的探讨与回应，为宋学形成前后在儒与佛“心性义理”之学方面的相互渗透与融通铺平了道路，从而使“中庸”在儒家哲学中跃上了一个新的台阶④。对于他所主张的佛道与王道一致，有利于国家治理和民众教化的主张，当时士大夫多“爱其文又畏其理之胜而莫之能夺”⑤。

佛学方面，释契嵩受吏部侍郎郎简之托，于至和年间（1054—1056）重编中国佛教禅宗经典《坛经》为《六祖大师法宝坛经曹溪原本》，世称“契嵩本”，与历代《坛经》的其他三种独立的重要版本“法海本（唐）”“惠昕本（晚唐或宋初）”“宗宝本（元）”并行于世，为研究南宗禅的发展提供了丰富的资料⑥。

契嵩倾力撰著的《传法正宗定祖图》《传法正宗记》《传法正宗论》，厘定佛教禅宗的祖系，对后世佛门禅宗的发展影响甚大。嘉祐六年（1061）冬，契嵩抱其所著以游京师汴梁（今河南开封），先后两次上书宋仁宗，仁宗览其书，叹爱良久。次年三月十七日（1062年4月28日），诏付传法院将《正宗记》《辅教编》等编次入藏，以示褒宠。同月二十二日，更赐“明教大师”号，故后世也尊称契嵩为“明教大师”⑦。自汴梁南还后契嵩在润州（今江苏镇江）等地居留有年⑧。

宋英宗治平二年（1065），著名茶人蔡襄出知杭州，延请释契嵩自润州归杭州住持佛日山净惠禅院（遗址在今杭州城北皋亭山中），故世人多称其“佛日契嵩”。治平四年（1067），很可能由于蔡襄离任，加以自己身体方面的原因，释契嵩辞任佛日净惠院，往西湖龙山（今玉皇山）休养。宋神宗熙宁四年（1071）十一月，正在杭州通判任上的苏轼与契嵩定交。次年六月初四（1072年6月22日），契嵩圆寂于灵隐永安精舍⑨。

契嵩生平所著，曾编为《嘉祐集》《治平集》，凡百余卷，六十余万言，后有散佚。南宋绍兴四年（1134），释怀悟辑其叙、记、传、赞、碑、铭和书信、诗文，编为《镡津文集》十九卷约三十万言传世，其后元、明屡有重编、重刻本出现，民国以后《四部丛刊》三编影印了明弘治刻本《镡

---

① 陈舜俞：《镡津明教大师行业记》，载《镡津文集》卷首，《四部丛刊》三编，上海商务印书馆，1936年至1937年影印本。参见聂士全《佛日契嵩生平事迹述考》，《杭州佛教》2006年第3期；曾惠芬《契嵩山游唱和诗研究·契嵩年谱与诗文系年》，台湾屏东大学硕士论文，2013年。

② 潜说友：《咸淳临安志》卷24、卷77，中华书局《宋元方志丛刊》本1990年，第5册，影印清道光庚寅（1830）钱塘振绮堂汪氏仿宋重雕本。

③ 曾惠芬：《契嵩山游唱和诗研究·契嵩年谱与诗文系年》，第263页，台湾屏东大学硕士论文，2013年。

④ 韩毅：《宋初僧人对儒家中庸思想的认识与回应——以释智圆和释契嵩为中心的考察》，《中华文化论坛》2005年第3期，第92—99页。

⑤ 陈舜俞：《镡津明教大师行业记》，载《镡津文集》卷首，《四部丛刊》三编，上海商务印书馆，1936年至1937年影印本。以下引《镡津文集》皆同一版本，不再出注。

⑥ 参见吴平《〈坛经〉版本源流考》，豆瓣网址：https://www.douban.com/group/topic/17985167/。

⑦ 杨曾文：《宋元禅宗史》，中国社会科学出版社，2006年，第175—176页。

⑧ 聂士全：《佛日契嵩生平事迹述考》，《杭州佛教》2006年第3期。

⑨ 杨曾文：《宋元禅宗史》，中国社会科学出版社，2006年，第175—176页；参见曾惠芬《契嵩山游唱和诗研究·契嵩年谱与诗文系年》，台湾屏东大学硕士论文，2013年。按，该论文所据《镡津文集》为明永乐八年（1410）径山寺住持文琇重刻的十九卷本，即论文作者所称的“古本《佛藏》”本。

津文集》(二十二卷本),傅璇琮等主编的《全宋诗》(第6册卷280至281)和曾枣庄、刘琳主编的《全宋文》(第36册卷764至781)所收契嵩诗、文，均以此为底本(校以他本)。近年，先有广西师范大学出版社出版的《契嵩集》，收录契嵩《镡津文集》十九卷、《传法正宗记》九卷、《传法正宗定祖图》一卷和《传法正宗论》二卷共四种著作(2012年5月),又有巴蜀书社《镡津文集校注》(林仲湘、邱小毛校注，2014年4月)和上海古籍出版社《镡津文集》(钟东、江晖点校，2016年9月)先后出版。

释契嵩天资颖悟，热爱自然，强记善辩，执挚奉佛。他虽长居佛门，却敢说敢为，极见个人性情。苏轼《故南华长老重辨师逸事》一文中描摹自己对契嵩的印象云:“契嵩禅师常瞋,人未尝见其笑;海月慧辨师常喜,人未尝见其怒。予在钱塘,亲见二人皆趺坐而化。嵩既荼毗,火不能坏,益薪炽火,有终不坏者五。海月比葬，面如生，且微笑。乃知二人以瞋喜作佛事也。世人视身如金玉，不旋踵为粪土，至人反是。予以是知一切法以爱故坏，以舍故常在，岂不然哉!”[①] 中国社会科学院世界宗教研究所杨曾文教授在《宋云门宗契嵩的著作及其两次上仁宗皇帝书》一文的开篇即评说道:“在中国佛教史上，作为一个出家僧人两次向皇帝上书，并且亲自请求将自己的著作以钦准的名义编入大藏经流行天下，除了宋代云门宗禅僧契嵩之外，没有第二人。”[②]

释契嵩是北宋前半叶引儒入佛、会通儒释因而与孤山智圆并称于时的杭州佛门高僧的代表人物，在中国思想史和佛教文化史上占有重要的一席。他不但佛学、儒学兼精，还长于古文和诗歌创作,又与西湖茶史前期重要人物蔡襄、苏轼有深度交往。《镡津文集》[③] 卷14存有他写的《武林山志》长文一篇(约1800字),文中详载杭州武林(灵隐)山(地域范畴大致相当于今西湖风景名胜区金沙港上游南、北二涧流域)的自然形胜、人文景迹与风俗物产，两次言及“美荈”(佳茗),两处提到“白公(烹)茶井”(白居易烹茗井)。

契嵩栖居灵隐山中时，乐与同道优游山林，唱和有加。他的诗歌创作题材以自然景物和禅修山居生活为主，语词色调偏冷、淡，营造出一种颇具“茶性”的清和意境与风格。从《镡津文集》卷21所载《与杨公济晤冲晦山游唱和诗》(以下简称《山游唱和诗》)中，可以读到他和诗友杨蟠(公济)、释惟晤(冲晦)等雪后同游灵竺山中的涉茶诗作。

释契嵩是在嘉祐元年(1056)50岁时，移居杭州灵隐永安禅院的。本文以下即从他在移居灵隐后撰写、创作的《武林山志》与《山游唱和诗》中，引录涉茶内容并作初步的探讨和辨析。

二、《武林山志》两记“美荈”

释契嵩撰《武林山志》，全篇约1800字，编录在《镡津文集》卷14，撰写时间当在作者嘉祐元年(1056)到嘉祐六年(1061)栖居灵隐到他赴汴京之前的五六年期间。

《武林山志》中记写常年居住和生活在“武林山”中百姓的生产和生活情况时,两次提到了茶叶:

其一:“其人不事弋钓虞猎，以樵荈自业，然同其在古洁静清胜之风未尝混也。”[④]

其二:“其山无怪禽丑兽，唯巢枸之树最为古木，松筠、药物、果蓏与他山类，唯美荈与灵山

---

① 苏轼:《东坡志林》，中华书局《唐宋史料笔记丛刊》本，1981年，第51—52页。

② 觉醒主编《觉群·学术论文集》第一辑，商务印书馆，2001年，第5页。

③ 《四部丛刊》三编，上海商务印书馆，1936年至1937年影印本。以下引本书均为同一版本，不再出注。

④ 《镡津文集》卷14。曾枣庄、刘琳主编《全宋文》第36册，卷780，第361页，上海辞书出版社/安徽教育出版社，2006年。以下引本书均为同一版本，不再出注。

之所生枇杷、桂花发奇香异耳。”[①]

按，东汉班固《汉书》卷28上（地理志第8上），就有“钱唐，西部都尉治。武林山，武林水所出，东入海，行八百三十里”的记述[②]。“武林山”，在当时是对作为“西部都尉”治所所在的杭州前身钱唐西、南自然群山的泛称。武林山群山汇聚的泉潭溪涧之水，东向流入大海，其中也包括至今仍汩汩长流注入西湖的天然水源如金沙涧、龙泓涧等。“武林山”至晚在中唐以后也被作为灵隐山的代称，如陆羽就认为武林山“即灵隐山也”[③]，之所以有此代称，是因为灵隐寺及其周边山林，是武林山间最早受到人为开发并有古老而丰厚物质财富与历史文化集聚的区块。这里，也是杭州西湖茶叶生产与茶文化的起源地，陆羽《茶经》卷下“八之出”中即云“钱塘出天竺、灵隐二寺”[④]。

《武林山志》前一条涉茶记载中的“弋钓”，意为射鸟钓鱼（三国魏嵇康《与山巨源绝交书》：“抱琴行吟，弋钓草野，而吏卒守之，不得妄动。二不堪也”）；“虞猎”，即狩猎之意（按“虞”通“娱”，又有欺诳（设置陷阱）的意思。如《三国志·魏志·崔琰传》有“虞旅”，释为“狩猎之军卒”，可证。宋梅尧臣《王屋高送王屋知县孙秘丞》诗有“山肤有时得虞猎，不比彘肉烹连毛”句）。

《武林山志》后一条涉茶记载中，“蓏”，音 luǒ，草本植物的果实（《韩非子·五蠹》：“民食果蓏蜯蛤”）；“荈”，音 chuǎn，泛指茶叶（《尔雅·释木下》“槚，苦荼”，晋郭璞注：“今呼早采者为荼，晚取者为茗，一名荈。”）。按，与释契嵩大致动活在同一时期的北宋名家在诗文中言及茶时，多见有用“荈”字指代的实例，如：梅尧臣（1002—1060）《南有嘉茗赋》：“抑非近世之人，体惰不勤，饱食粱肉，坐以生疾，藉以灵荈，而消腑胃之宿陈？若然，则斯茗也，不得不谓之无益于尔身，无功于尔民也哉！”[⑤] 又如王安石（1021—1086）《答冲卿》：“破瓜青玉美，浮荈白云香”[⑥]、王令（1032—1059）《谢张和仲惠宝云茶》：“故人有意真怜我，灵荈封题寄荜门”[⑦]，皆是。在这条涉茶材料中，契嵩直截了当地把灵、竺山中所产的茶叶定性为“美荈”，也就是好茶佳茗，可见他对“武林山”即今西湖环拥灵隐、天竺诸佛寺的群山幽谷地带出产茶叶的情况颇有了解，甚至赏识，其中的因缘是：早在宋仁宗庆历三年（1043）释契嵩入居灵隐山永安院之前，就与当时任职“监杭州茶库”的章望之[⑧]为好友。北宋“茶库”，为太常寺下属机构，是北宋中央政府主管征调和接收来自江、浙、荆、湖、建、剑六大产茶地区的茶叶，并负责供给上至宫廷、下到朝廷各衙署所用茶叶（主要作为礼仪和奖励物品兼售买）的职能机构[⑨]，地方上则有与中央“茶库”对应而设立的相同职能部门。任职“监杭州茶库”的官员对当地茶叶出产信息相当了解。嘉祐元年（1056）契嵩入居灵隐永安院后长居灵、竺茶区，由此进一步知晓乃至熟悉当地出产好茶。在《武林山志》中他两次言及灵竺山中出产的佳茗质优味美“发奇香”，当属亲见亲闻亲历的实录。

---

① 《镡津文集》卷14。《全宋文》第36册，卷780，第362页。

② 班固：《汉书·卷28·上·地理志第8上》，中华书局1962年，第6册，第1591页。

③ 陈仁玉等（旧作施谔）纂：《淳祐临安志·卷8·山川·城西诸山·武林山》，第143页。

④ 参见拙文《陆羽“西湖二记”遗文辑述》，《城市地理》2014年第4期，第52—59页。

⑤ 《全宋文》第28册，卷592，第145页。

⑥ 北京大学古文献研究所编、傅璇琮等主编：《全宋诗》第10册，卷553，第6594页，北京大学出版社，1993年。以下引本书均为同一版本，不再出注。

⑦ 《全宋诗》第12册，卷706，第8181页。

⑧ 章望之（1045—？），字表民，建州浦城人。初由伯父得象荫为秘书省校书郎，监杭州茶库。见元脱脱等《宋史·卷443·列传第202·文苑5》，第37册，第13097页。

⑨ 《宋史·卷165·志第118·职官5》，第12册，第3908页。

三、《武林山志》两及“白公（烹）茶井”

其一：“其泉之北出者曰冷泉，曰韬光，曰白沙，曰石笋，曰白公茶井，曰无著偃松，曰永安北源，曰弥陀西源，曰腾云上源，西庵也，凡泉之源九。”①

其二：“南坞，其古人之遗迹若吴葛玄之葛坞者，若晋葛洪之丹井者，若宋谢灵运之翻经台者，若隋真观所标之佛骨塔者，若唐道标、杜多之草堂者。其北坞，若汉陆棣之九师堂者，若晋葛洪之伏龙石门者，若晋许迈之思真堂者，若晋惠理之燕寂岩者，若晋杜师明之谢客亭者，若宋智一之饭猿台者，若呼猿涧者，若梁简文所记之石像者，若梁朱世卿之朱墅者，若唐白居易之烹茶井者，若唐袁仁敬之袁君亭者。二坞总十有六事，徒古今相传，虽名存而其事颇亡，不可按而备书。”②

按，释契嵩《武林山志》关于“白公茶井”的记述，记录时间上虽可能比北宋晏殊《舆地志》略晚，但却是现存史籍文献中直接可见到的最早记载。晏殊《舆地志》实即其所著未完成稿《类要》（今仅有残抄本等存世）中的地理部分，南宋人称之为“晏公《舆地志》”。“白公茶井”这条材料，见于南宋《淳祐临安志》残本引《舆地志》所录。而晏殊《类要》的清初残抄本第 1 册（五十二叶）卷 1“两浙路·杭”也记有“白少傅烹茗井，在灵隐山下”③。

再从释契嵩记述“白公茶井”与“韬光”等并列于“凡泉之源九”且排列上这两条还间隔有“曰白沙，曰石笋”两处泉源的记载，可知“白公茶井”与地处巢构坞的韬光泉既非同一水体，也不在同一地点（即今韬光寺），而是灵隐山中出露地表独居一处的泉水源头。鉴此，近年出版的《杭州茶文化发展史》所谓“白公烹茗井”的“确切地点”在今韬光寺内的说法，显然有待商榷④。

再者，释契嵩在这里是将“白公烹茶井”作为“武林山”南、北二坞“古人之遗迹”加以记载的，他列述这些古迹时还作了总括说明：“二坞总十有六事，徒古今相传，虽名存而其事颇亡，不可按而备书”云云。以此观之，在释契嵩撰写《武林山志》的时候，“白公（烹）茶井”很可能已经“名存而其事颇亡”，因而无法作更为切实、详尽的记录和描述，这恐怕正是后世对这处名人泉井不甚了了以致诸说纷纭的客观原因之一⑤。

四、《山游唱和诗》赋咏灵竺山间品茗

释契嵩《镡津文集》卷 21 收录《与杨公济晤冲晦山游唱和诗》。根据诗中以及其《山游唱和诗集叙》《山游唱和诗集后叙》⑥所述，这些七律诗出自他和杨蟠、惟晤三人“山游唱和”所作（内容上则还可细分为若干子题），完成于北宋嘉祐三年到四年（1058—1059）农历正月初（始作于农历上年的岁末，公元已入 1059 年）。“山游唱和诗”包括契嵩发起邀约诗 1 首，与杨蟠（公济）和释惟晤（冲晦）三人游前次韵 6 首，如约“山游”成行及留宿山中“咏而成者”有 36 首，其余为“山游”之后三人互致余兴续作 22 首，共计 65 首（其中 25 首出自契嵩之手），此外还编入未参与山游的诗

---

① 《镡津文集》卷 14;《全宋文》第 36 册，卷 780，第 361 页。

② 《镡津文集》卷 14;《全宋文》第 36 册，卷 780，第 362 页。

③ 《淳祐临安志》为陈仁玉等纂，淳祐十年（1250）刊印。晏殊《类要》清初残抄本互联网上有电子数据本。参见 http://www.doc88.com/p—5048272979752.html。上海复旦大学唐雯博士学位论文《晏殊《类要》研究》，第 38—39 页。唐雯博士论文的单行本已经由上海古籍出版社在 2012 年 6 月出版。

④ 见该书上册，第 126 页，杭州市茶文化研究会编，杭州出版社，2014 年。

⑤ 参见拙文《西湖茶事编年述辨稿·一、唐·五代（二）》，《城市地理》2016 年第 2 期，第 61—62 页。

⑥ 《镡津文集》卷 11。

友强至（钱塘人，时官浦江令而丁忧在籍）赓唱酬和的3首、释翛元（字无翛）赓唱酬和的1首[①]。台湾屏东大学曾惠芬硕士论文《契嵩山游唱和诗研究》(2013年)附录一《契嵩年谱与诗文系年》中，将组诗中释契嵩所作一并系于嘉祐四年“正月（仲春之五日）”之下的“系年”处理，似有待商榷。契嵩所作的这些诗章，实际上既有农历上年（嘉祐三年）岁末已经完成的作品，又有过了旧年而在新春（嘉祐四年）正月初及其后才续成的，并非一日之内所成（尽管从公元纪年看是在同一年也即1059年年初的2月所作）。

在《山游唱和诗》的《叙》中，契嵩基于他融儒入佛的思想主张，将他同杨蟠、惟晤三人尽管身份不同、人生理念和处世方式相异，但却能结伴同游灵竺山中并创作出这批“唱和诗”的友情基础和盘托出，他写道：“公济与潜子辈，儒佛其人异也，仕进与退藏又益异也。今相与于此，盖其内有所合而然也。公济与冲晦以嗜诗合，与潜子以好山水闲适合。潜子亦粗以诗与冲晦合，而冲晦又以爱山水与吾合。夫诗与山水，其风味淡且静，天下好是者几其人哉？故吾属得其合者尝鲜矣。适从容山中，亦以此会为难得，故吻然嗒然，终日相顾相谓，几忘其形迹，不知孰为佛乎？孰为儒乎？”[②]另从《山游唱和诗》出自杨蟠所作的诗句中，也颇能看到对契嵩情性与风采（以及杨蟠本人对契嵩钦佩之情）的传神写照，如：“零落东山老佛师，古来独往似君稀。雪边气候春将破，林下神情句欲飞”；又如：“千年道在高僧传，未论诗人更有评。曾著文章原大道，独推性命济群生”[③]。也正是因为性情和旨趣上的相互理解、相互契合、相互会通和相互敬重，使得山游品茗这一最适用于文人雅士交往与共鸣的物化礼仪手段，以及品茗所处的实际情境、场景和氛围，在契嵩与杨蟠、惟晤的“山游唱和”诗篇中，不止一回地出现。

《山游唱和诗》全部诗作的第一首（篇），诗题比较长：《岁暮值雪山斋焚香独坐命童取雪烹茗因思“柳絮随风起”之句遂取〈谢道韫传〉读之见其神情散朗故有林下风气益发幽兴乃为诗兼寄居士公济彼上人冲晦》，此篇系契嵩为发起山游而邀约杨蟠、释惟晤以诗代简所作。

按，“谢道韫”，东晋陈郡阳夏（今河南太康）人，当时名相谢安的侄女、王凝之妻，聪慧有才辩，能诗。《晋书》卷96有传。《世说新语·贤媛》载：同郡张玄妹亦有才质，适于顾氏，人每称之，以敌道韫。有济尼者，游于二家，或问之，济尼答曰：“王夫人神情散朗，故有林下风气。顾家妇清心玉映，自是闺房之秀。”余嘉锡在《〈世说新语〉笺疏》中认为：“林下”，谓“竹林（七贤）”名士也，“道韫以一女子而有林下风气，足见其为女中名士。至称顾家妇为闺房之秀，不过妇人中之秀出者而已”[④]。

“公济”，杨蟠（约1017—1106），字公济，别号浩然居士，北宋钱塘（杭州）人。其祖籍章安（今属浙江临海），实际出生于流寓钱塘的官宦之家（见王安石为杨蟠母亲吴氏所作《太常博士杨君夫人金华县君吴氏墓志铭》）[⑤]。庆历六年（1046）进士，历任光禄丞、提点荆广铸钱等职。嘉祐二年（1057）冬，杨蟠因母亲亡故，回乡丁忧。嘉祐四年（1059），迁签书江阴军判官厅公事。元祐四年（1089），苏轼出任杭州知州时，杨蟠为通判，参与了西湖疏浚。其生平诗作甚多，惜已散佚，存世的有后人辑录的《章安集》《钱塘百咏》《西湖百咏》。《宋史》卷442有传。

“冲晦”，释惟晤，号冲晦，与杨蟠为诗友。今《全宋诗》卷281录存其诗18首，其中16首均

---

① 《镡津文集》卷21。

② 《镡津文集》卷11；《全宋文》第36册，卷768，第181页。

③ 《镡津文集》卷21；参见聂士全《佛日契嵩生平事迹述考》。按，明永乐八年（1410）径山寺住持文琇重刻的十九卷本《镡津文集》,《与杨公济晤冲晦山游唱和诗》编在卷18。

④ 余嘉锡《〈世说新语〉笺疏·下卷上·贤媛第19》，上海古籍出版社，1993年，第698页。

⑤ 《全宋文》第65册，卷1419，第228—229页。

见录于《镡津文集·山游唱和诗》(关于释惟晤其人更多的辨析，详见本节文末)。

从契嵩这首引领《山游唱和诗》全集的诗的长题“岁暮”一语和诗中“初看历日新年近”句，可知本诗作成时，尚在旧岁的嘉祐三年(1058)，并未进入农历新年(即嘉祐四年，1059)。“山游”既未启动，则本篇实属释契嵩以诗代简邀约杨蟠和惟晤一起前来游赏灵竺“翠微”而作。其诗全文是：“帘外惊风幽鸟归，窗间独坐事还稀。初看历日新年近，喜见山林骤雪飞。但忆故人能有咏，宁怀久客此无衣。鲍昭汤老能乘兴，城郭何如在翠微？”

此番游赏，起兴于岁末山林骤雪和取雪烹茗，再由对飞雪情状的联想而思迎春色，更由“林下风气”激发出诗友重聚、美况分享的强烈意愿。

“鲍昭”，即鲍照(414—466)，字明远，南朝宋东海郡(今属山东临沂市兰陵县)人，刘宋大明五年(461)任前军参军，世称“鲍参军”。其诗作注重描写山水，讲究对仗和辞藻，与颜延之、谢灵运并称“元嘉三大家”，有《鲍参军集》传世。

“汤老”，指汤惠休，字茂远，南朝宋诗人。生平不详，南齐初(约480—482)尚在世。他早年曾出家为僧，人称“惠休上人”。因擅诗被赏识，宋孝武帝刘骏命其还俗，后官至扬州从事史。汤惠休论诗主张自然而不事雕饰，与鲍照并称“休鲍”。

唐李白《赠僧行融》诗赞其为：“梁有汤惠休，常从鲍照游……卓绝二道人，结交凤与麟。”[①]

其后契嵩、杨蟠和惟晤三人一起到灵竺山游玩、留宿与唱和的两天中，佳茗当然也是不可缺少的助兴之物。《山游唱和诗》除释契嵩本诗及下文将述及的《同公济冲晦宿灵隐夜晴》一篇外，释惟晤次韵和诗中也有3首言及茗事(详后文)。

关于古时烹茶用雪水，唐人白居易诗中已言及“雪水茶”；张又新(托名陆羽)在评量并记录宜茶之水的《煎茶水记》一文中列雪水为第20位即末位[②]，可见当时烹茶似乎并不以雪水为上选。后世将雪水烹茶认作雅事的实例，坊间盛传有北宋初陶谷与其党姓小妾因取雪烹茶时的对话而称为“党姬烹雪”的掌故。经考，最早记载其事始终较完整的是“皇都风月主人”《绿窗新话》的《党家妓不识雪景》，该书中注云“出《湘江近事》”，另南宋李焘《续资治通鉴长编》有相同记载[③]。后来明蒋一葵的《尧山堂外纪》则记云：“陶谷得党太尉家姬。遇雪，取雪水烹茶，谓姬曰：‘党家儿识此味否？’姬曰：‘彼粗人，安知此？但能于销金帐中，浅斟低唱，饮羊羔酒尔。’陶默然”[④]。

按，《尧山堂外纪》虽以历朝真实历史人物为条目单元并系以事件，但文学故事性较强。因此，释契嵩与友人“山游唱和”组诗第一首的诗题，应可认为是现在仍能见到的记录古人取雪烹茶承唐人之后年代最早的纪实材料。

《山游唱和诗》出自契嵩之手的另一首涉茶诗，题为《同公济冲晦宿灵隐夜晴》：“不睡还烹北苑茶，寒灯落尽适末花。夜深雨过山形出，天静云空月色佳。且喜僧窗晴似昼，莫论人世事如麻。况陪支许皆能赋，岂厌留诗在碧纱。”[⑤]

按，“北苑茶”，五代到北宋时一款贡茶名品，属团饼茶。“北苑”在建州(治今福建建瓯)凤凰山麓东溪水畔。沈括《梦溪笔谈·补笔谈》卷一载：“建茶之美者，号‘北苑茶’。今建州凤凰山，

① 《全唐诗》卷171，曹寅、彭定求等纂，清康熙四十七年(1708)扬州诗局刻本。

② 《吟元郎中白发诗兼饮雪水茶因题壁上》，朱金城《白居易集笺注》卷19，第2册，第1223页，上海古籍出版社，1988年;《四库全书·子部9·谱录类2》，上海古籍出版社影印本，1987年，第844册，第810页。

③ 均见周楞伽校注《绿窗新语》卷下，上海古籍出版社“中国古典小说研究资料丛书”本，1992年，第168页。

④ 蒋一葵：《尧山堂外纪》卷42，明万历三十四年(1606)蒋一葵自序刊本(出版人不明)。

⑤ 《镡津文集》卷21;《全宋诗》卷281，第6册，第3574页。

土人相传谓之‘北苑’，言江南尝置官领之，谓之‘北苑使’。”① 今福建建瓯焙前村林垅山有北宋柯适题留的《北苑御焙记》摩崖石刻云：“建州东凤凰山，厥植唯茶。太平兴国初，始为御焙，岁贡龙凤。”② 北苑茶事详载熊蕃《宣和北苑贡茶录》及赵汝砺《北苑别录》。在宋人诗文中，“北苑茶”往往也用来泛指佳茗。

“支许”，东晋高僧支遁和高士许询的并称。两人友善，皆善谈佛经与玄理。南朝宋刘义庆《世说新语·文学》：“支道林、许掾（许询曾被召为司徒掾，故《世说新语》述其人时又作“许掾”）诸人共在会稽王斋头，支为法师，许为都讲，支通一义，四坐莫不厌心；许送一难，众人莫不抃舞，但共嗟咏二家之美，不辩其理之所在。”③ 后用以喻指僧人与文士的交谊。唐杜甫《西枝村寻置草堂地夜宿赞公土室》诗其二：“从来支许游，兴趣江湖迥。”④

“碧纱”，“碧纱笼”的省称。五代（南汉）王定保《唐摭言·起自寒苦》：“王播少孤贫，尝客扬州惠昭寺木兰院，随僧斋飧。诸僧厌怠，播至，已饭矣。后二纪，播自重位出镇是邦，因访旧游，向之题已皆碧纱幕其上。播继以二绝句曰：‘……上堂已了各西东，惭愧阇黎饭后钟。二十年来尘扑面，如今始得碧纱笼。’”后来用此表示“诗以人重”的典故。

按，佳茗（“北苑茶”）作为释契嵩与两位诗友兼茶友冬日灵竺“山游”的必备之物，这首涉茶诗是可窥其斑的又一例证。此外当时同游者释惟晤在其和诗中，也有3首言及茗事，兹分别抄引如下以供参读：

其一：《和酬契嵩〈嘉公济冲晦见访〉》：“白云苍海一重重，傍舍遥闻隔坞钟。月上更无人语闹，雪深空认虎行踪。诗书共喜灯前论，茗果翻疑梦里逢。脱屣高谈无限乐，煴炉寒拥日高舂。”⑤

其二：《和酬契嵩〈同公济冲晦宿灵隐夜晴〉》：“战退睡魔重酌茗，再披文卷眩生花。喜逢长夜身虽健，勉和新诗兴未佳。风细猿声清似梵，月明杉影密如麻。腊寒灯炷飞蛾灭，何必殷勤护薄纱。”⑥

其三：《和酬杨蟠〈早过天竺呈明智及同游二老〉》：“晓过翻经台下寺，与君同谒祖师堂。庭前紫桂叶频脱，石上红梅花正香。出洞阴云分远影，挂松寒日漏清光。谢公劝饭须无让，不许非时荐茗汤。”⑦

按，台湾屏东大学曾惠芬硕士论文《契嵩山游唱和诗研究》以释惟晤字冲晦，认为他就是被宋仁宗赐封“冲晦处士”称号的徐复，然该论文并未对此说给出史料依据。而经笔者考诸史籍，“惟晤就是徐复”之说，很难成立。

徐复，字复之，精易学，为术数名家，通阴阳、天文、地理、遁甲、占射、音律，《宋史·卷457·列传第216》有传。与徐复为同时期人的曾巩，撰有《徐复传》，述徐复生平更详⑧，但并未见有徐复从近乎“道家”的身份一蜕而转为佛门诗僧的记载。复考两宋人所撰史书、笔记中涉及徐复其人的材料，如苏辙《龙川别志》、叶梦得《避暑录话》（卷下）、李焘《续资治通鉴长编》（卷131）、王称《东都事略》（卷118）、黄震《黄氏日抄》（卷63）等，亦均未有所见。而在西湖史志材料如明田汝成《西湖游览志余》（卷8）、清翟灏等《湖山便览》（卷10）中，称徐复为“高士”，曾隐居西湖万松岭（云居山）一带山林间，与林逋为忘年交，并称“西湖二高士”，却都只字未提

① 沈括著、胡道静校证《梦溪笔谈校证》，上海古籍出版社，1987年，下册，第906页。

② 徐海荣主编《中国茶事大典·一品类》，华夏出版社，2000年，第38—39页。

③ 余嘉锡《〈世说新语〉笺疏·上卷下·文学第4》，上海古籍出版社，1993年，第227页。

④《全唐诗》卷218，曹寅、彭定求等纂，清康熙四十七年（1708）扬州诗局刻本。

⑤《镡津文集》卷21;《全宋诗》第6册，卷281，第3578页。

⑥《镡津文集》卷21;《全宋诗》第6册，卷281，第3579页。

⑦《镡津文集》卷21;《全宋诗》第6册，卷281，第3579页。

⑧《四库全书·集部3·别集类2·元丰类稿·卷48·传二首》，上海古籍出版社影印本，1987年，第1098册，第753页，下栏。

徐复曾出家为僧以及与释契嵩、杨蟠有诗文交集。同样，释惟晤虽然字冲晦，但他与林逋有深交的事迹却出处无考，如清厉鹗《宋诗纪事》卷 91 提到“惟晤”时，但称“字冲晦，尝与契嵩唱和”，不载与林逋有何交往的只言片语[①]。

再检今人著述如《全宋诗》，录徐复诗 1 首前缀小传[②]，所载信息与释惟晤无涉。李国玲编著《宋僧录》，有“惟晤”条并附与其生平相关史籍，经考，也与徐复了无相干者[③]。所以笔者认为，徐复与释惟晤，只是在都有“冲晦”的字号这一点上是相同的，实际上，两人不可能是同一位历史人物。

五、结语

众所周知，西湖茶叶原产的初期史况，早已见于“茶圣”陆羽《茶经》的记载。但是，北宋早年西湖产茶的文献记载，只是借清以后露脸的南宋《淳祐临安志》残抄本附载北宋晏殊《类要》(《舆地志》)的记载才得以保存下来的诗句“白云峰下两枪新，腻绿常鲜谷雨春”(出自隐居孤山的大诗人林逋之手)，和同书“下天竺岩下，石洞深窈，可通往来，名曰‘香林洞’，慈云法师有诗‘天竺出草茶，因号香林茶’”等零星材料，方得窥一鳞半爪，而这类史料在至今存世的北宋文献中除林逋诗作之外却几无一见[④]，因此，契嵩《武林山志》中关于灵竺山中出产“美荈”的两条记载以及他在《山游唱和诗》中关于同诗友在灵竺山中雪后品茗雅集的吟咏，无疑十分难得。尤其是作为在中国思想史上独树一帜的重要人物之一，“明教大师”契嵩不仅是继陆羽之后在著述中直接记载杭州产茶的著名高僧，而且还是首位有意识突出强调西湖出产优质茶叶进而在客观上助推其高攀“佳茗”品位的茶人。公元 11 世纪中叶（北宋前期）成为“贡茶”的西湖“白云”“香林”“宝云”三支名茶，其优异品质很早就受到世人激赏，曾经名声大噪，一定程度上，正可借由释契嵩的明确记载和推崇而得到形象生动的诠释与印证。

令人惊讶的是，遍查众多涉及杭州暨西湖茶史的著述，竟然连“释契嵩”名号都未曾一提，更遑论对这位杰出的思想高僧、性情高僧兼文学高僧率先记载北宋前期西湖所产佳茗以及品茗风气的介绍与评说了。譬如我们在《中国茶事大典》中，虽然可以查到“契嵩”的独立词条，但该词条相关释文仅仅介绍了契嵩《山游唱和诗》中《同公济冲晦宿灵隐夜晴》的涉茶诗句“不睡还烹北苑茶，寒灯落尽适未花”为名句，以及释惟晤次韵和诗中相应的诗句“战退睡魔重酌茗，再披文卷眩生花”的相关信息，而对《武林山志》记载灵竺山中出产“美荈”佳茗却未有只字记载与评说[⑤]。又如在《中国茶叶大辞典》中，也不见有释契嵩其人其事的介绍[⑥]。2014 年 12 月出版的洋洋百数十万言的《杭州茶文化发展史》一书，尽管其中曾提及“北宋时灵隐寺高僧契嵩著有《武林山志》”，但对文中的涉茶记载却未作任何介绍，仅仅是“提及”而已[⑦]。有鉴于此，笔者认为，对于释契嵩在西湖乃至杭州茶

---

① 厉鹗《宋诗纪事》卷 91，上海古籍出版社，1983 年，第 2184 页。

② 《全宋诗》第 7 册，卷 360，第 4441 页。

③ 李国玲编著《宋僧录》，线装书局，2001 年，第 601 页。

④ 陈仁玉等纂《淳祐临安志·卷 8·山川·城西诸山·白云峰》，第 149 页。按存世林逋诗有《尝茶次寄越僧灵皎》一首，全文是：“白云峰下两枪新，腻绿长鲜谷雨春。静试恰如湖上雪，对尝兼忆剡中人。瓶悬金粉师应有，箸点琼花我自珍。清话几时搔首后，愿和松色劝三巡。”诗前两句即《淳祐临安志》所录，见《全宋诗》第 2 册，卷 107，第 1225 页。参见拙文《西湖茶事编年述辨稿·二、宋（二）02—03 林逋·之三》，《城市地理》2017 年第 1 期，第 43—53 页。

⑤ 《中国茶事大典·一一·人物篇》，徐海荣主编，华夏出版社，2000 年，第 542 页。

⑥ 《中国茶叶大辞典·一六·茶人部》，陈宗懋主编，中国轻工业出版社，2000 年。

⑦ 杭州市茶文化研究会编《杭州茶文化发展史》，杭州出版社，2014 年，第 113 页。

史上的所作所为与贡献，显然有必要给予更多的关注、探究与评述。至若存录在《镡津文集》中的诗章和那些用各种文体撰写的篇章，如书、启、状、叙、志、记、铭、碑、表、辞等，无论诗或文，涉及西湖史况者所在多有。以《武林山志》而言，全文详载西湖今金沙港流域的山川风物古迹，实录并反映北宋前期这一地带的景观风貌、名胜古迹和风土人情，是值得研究、发掘和利用的非常有价值的西湖学史料。再就《山游唱和诗》而言，其中的内涵，当然也远远不仅止于早期西湖茶事需要“发微”。《山游唱和诗》的全部诗作，涉及灵竺山林景观、游观印象、情境旨趣，等等，同样值得进行深入、全面的解读、索隐和品味。本文限于主题和篇幅，无从也不宜在此展开更多的讨论。笔者相信，北宋名僧契嵩在西湖学层面的作为和贡献，会有更多的有心人深入下去，发掘，梳理，采撷，探究，收获——这不但是必然的，也完全是可以预期和值得期待的。

〔参考文献〕

〔1〕释契嵩：《镡津文集》，《四部丛刊》三编，上海商务印书馆1936年至1937年影印本。

〔2〕元脱脱等：《宋史》，中华书局，1977年。

〔3〕陈仁玉等（旧作施谔）纂：《淳祐临安志》，《杭州掌故丛书·南宋临安两志》，浙江人民出版社，1983年。

〔4〕杨曾文：《宋元禅宗史》，中国社会科学出版社，2006年。

〔5〕唐雯：《晏殊〈类要〉研究》，上海古籍出版社，2012年。

〔6〕曾惠芬：《契嵩山游唱和诗研究》，台湾屏东大学硕士论文，2013年。

曹之璜《西湖六桥桃评》与西湖桃花审美的确立

杜清雨

[摘　要] 康熙年间，湖南人曹之璜在游览苏堤后写下了《西湖六桥桃评》一文，对苏堤的桃花景观提出了细致且新颖的评价，在花卉人格化的品评上，一改桃花自唐代以来艳俗负面的形象，使西湖的桃花拥有了与景观相得益彰的审美。本文以《西湖六桥桃评》的写作背景、内容和意义为线索，于桃花欣赏史之中，探讨其对西湖桃花审美所做的贡献。

[关键词] 西湖景观；曹之璜；苏堤；桃花审美

曹之璜，湖南人，字中玉，号麓峰，又号柳舫。贡生。著有《石齐旧诗》《（康熙）醴陵县志》等九种。行迹不可考。约在康熙中后期一度泛游苏杭，由此写下《西湖六桥桃评》一文。《西湖文献集成》第9册评其文曰："全文对桃花赞誉备至。虽不免有文人夸饰之嫌，然观其全篇，文字不失清丽雅洁，比兴也颇确切入理，尚足观也。"[①] 此文虽仅六百余字，却成了自古至今唯一一篇从地理环境到比德之喻，较为全面地评价苏堤桃花的作品，对于西湖景观尤其是花卉景观中桃花审美的确立意义重大。

一、《西湖六桥桃评》产生的历史背景

苏堤的植物景观自明嘉靖十二年（1533）"县令王钎令犯人小罪可宥者，得杂植桃柳为赎，自是红翠烂盈，灿如锦带"[②] 以来，虽几经战乱变迁和补植，以桃花和柳树为主要造景植物的景观格局已深入人心。尤其是在明代桃花欣赏重新兴盛的时代背景下，万历年间以后，随着西湖的桃花欣赏热潮波及社会各个阶层，产生了凡是描写西湖的文章，必提及白苏二堤桃花的社会现象，致使苏堤迅速成为闻名遐迩的赏桃名区，以至明末李鼎《西湖小史》称之："如西溪之梅、满陇之桂、翁山之李、六桥之桃，尽人知之，何烦予笔。"[③]

清代的苏堤依然延续了明代的植物景观格局。康熙三十八年（1699），帝王的南巡使得地方官员将整饬西湖景观以供赏娱作为了必要的政绩工程之一。这次南巡对于西湖景观影响最为深远的莫如对西湖十景的品评，促使西湖十景的景名最终得到了确定并沿用至今，景域最终固定在了今址，

〔作者简介〕 杜清雨，韩美林艺术馆研究推广部助理馆员。研究方向：西湖学、文化遗产学、美术史。

① 〔清〕曹之璜《西湖六桥桃评》，出自《西湖文献集成》第9册《清代史志西湖文献专辑》，杭州出版社，2004年，第259页。

② 〔明〕田汝成《西湖游览志》第二卷《孤山三堤胜迹》，出自《西湖文献集成》第3册《明代史志西湖文献专辑》，杭州出版社，2004年，第26页。

③ 〔明〕李鼎《西湖小史》，出自《西湖文献集成》第3册《明代史志西湖文献专辑》，杭州出版社，2004年，第1194页。

且十景的顺序因为康熙的品题最终确立且不再有更改，依次为：苏堤春晓、双峰插云、柳浪闻莺、花港观鱼、曲院风荷、平湖秋月、南屏晚钟、三潭印月、雷峰夕照、断桥残雪。“国朝康熙三十八年，恭遇圣祖仁皇帝南巡，御书苏堤春晓为十景之首，爰建亭于望山桥之南，敬悬宸翰并勒贞珉于亭内。雍正二年，奉旨开浚西湖，增培堤岸，补植桃柳。八年，总督臣李卫以亭隘不称观瞻改建岑楼，构曙霞亭于后，榱桷凌云，檐牙浸水，春时晨光初启，宿雾未散，杂花生树，飞英蘸波，纷披掩映，如列锦铺绣，都人士揽其胜者，咸谓四时皆宜而春晓为最云。”① 此后苏堤在雍正、乾隆年间的多次修葺，基本沿着既有的基调稳步推行下去。

自南宋末年西湖十景诞生以来，十景的顺序一直没有定论。祝穆《方舆胜览》以“平湖秋月”为首，吴自牧《梦粱录》则以“苏堤春晓”为首，此后各家十景诗词，皆有不同的排序。康熙钦定“苏堤春晓”为十景之首，恐与春为四季之始、晨为一日之始不无关系，而苏轼的政绩所代表的士大夫阶级的行仁政善政的价值观也正好是统治阶级所提倡的。这使得苏堤在西湖景观中的重要性进一步被加强，同时桃花和柳树也在清代成为最具代表性也最能彰显苏堤春晓之美的景物。

二、《西湖六桥桃评》中的苏堤桃花审美

《西湖六桥桃评》全文总起一段，称：“桃花惟六桥称最。友人陈子，赏其阴晴朝暮，极目万态，遂著六则寄予。予笑曰：‘兹固以花异乎？异者，特其地耳。’因更以六则广之。”交代了此文创作缘由，乃是因为友人陈子先有一文品评桃花，而曹之璜以为陈子对于苏堤桃花的欣赏并没能切中桃花之美——六桥桃花之美并非在花自身之美，而因其生于苏堤，遂更作一文。《西湖六桥桃评》全文共分为六个部分，分别从时、地、遇、友、韵、俊六个方面点评了苏堤桃花。尤其在“时之胜”“友之胜”“韵之胜”三个部分，突出了桃花的品格，更“推翻”了不少古已有之的桃花典故，颠覆了传统的桃花审美理念，在当时而言，可谓曹之璜独有之见解。

《一、时之胜》称：“莲宜暑，近于趋炎，似乞士；菊宜霜，近于炫节，似狷者；梅宜雪，近于耐寒，似苦衲。桃则不然。不欲与凡卉同馨（小字：桃无香），亦耻与花王竞艳，贤者乐之，圣人取焉。浴乎沂，风乎舞雩，疑赏桃也。”宋代以来的价值观，以为莲如君子，菊如隐士，梅有林下之风，然而曹之璜首先点评了莲、菊、梅，以为此三种花都有不足之处，大胆地以为莲花近似乞丐，菊花太过狷狂，梅花则似苦行僧一般。而一向被士人作为花卉品评标准的“香胜”在曹之璜的笔下反倒成了缺点，有香味的花都成了凡花。而桃花既不以香胜又不与牡丹斗艳，乃是足以匹配贤者和圣人的花卉。最后以《论语》中著名的典故“莫春者，春服既成，冠者五六人，童子六七人，沐乎沂，风乎舞雩，咏而归”，将孔子心中的理想世界与赏桃相联系，进一步衬托出桃花乃圣贤所青睐。

《二、地之胜》称：“秦人源上，迹绝于渔郎；仙女天台，缘消于刘阮。固物之不幸已。六桥以烟月之迷津，吐缤纷之藻丽，如琼娥艳质，潇洒于阆苑瑶宫，慁之以土室荆扉，弗称矣。”桃花在唐代之前，因为刘晨、阮肇误入桃花源和陶渊明《桃花源记》的典故，多和仙境联系在一起。曹之璜在此回归了唐之前桃花审美的传统，以为桃乃仙境之花，但无论是桃花源中亦或天台山上，桃花都只独赏于特定的人群，得不到他人的目睹。花无知赏者，乃花之不幸。而后更进一步提出唯有苏堤六桥足以匹敌仙境之美，堪称“阆苑瑶宫”，最适宜种植和欣赏桃花，乡间陋室则无法与此花相配。

《三、遇之胜》称：“有秀色必负奇观，盖绛仙与幽兰异性也。莫俗于河阳，莫辱于都玄观里。六桥称胜遇矣！然浣纱人绝代艳姿，不遇吴宫，终苎萝一老妇耳。花神有知，应生感叹。”美好事

① 〔清〕《西湖志》卷三，出自《西湖文献集成》第4册《清代史志西湖文献专辑》，杭州出版社，2004年，第146页。

物的诞生总有奇观显现相伴，此所以绛珠仙草与空谷幽兰之不同。而在曹之璜的眼中，桃花审美中两个广为人知的典故——潘岳植桃和刘禹锡咏桃——都于此得到了毫不留情的批驳。潘岳在河阳县令任上遍栽桃树的行为颇有些俗气，而刘禹锡前后两次咏叹都玄观里的桃花并以此讽刺权贵阶层，则是对桃花的莫大侮辱。于是曹之璜发出了“西施若不能得幸于吴王，最终也不过就是苎萝山下浣纱的老妇人而已”的感叹。

《四、友之胜》曰：“桃李同称，犹梅与松竹共友耳。独西子湖滨红衣人，盖与柳丝萦系者也。绛雨绿云，烂然如石家锦帏。岂白公蛮素，统婢子千群耶。吁，盛哉！”松竹梅并称岁寒三友，为人所称道，桃李同称则是秦汉以来固有的意象。作者在这里举出了“桃李不言，下自成蹊”的典故，言桃也有君子之风，摆脱了一直以来将桃与美人相比的审美。而后点出了苏堤之桃不同之处，乃与柳树同栽，红绿相称宛若天上的云烟与落下的雨幕。“石家锦帏”一词出自李商隐《牡丹》一诗中的“锦帏初卷卫夫人”和“石家蜡烛何曾剪”，以春秋时卫灵公的夫人南子的美貌和熊熊燃烧的烛焰来形容桃花的规模与灿烂。作者随后更将桃与柳，比喻成白公笔下的“樱桃樊素口，杨柳小蛮腰”，统领婢子千群，苏堤桃花的规模与气势呼之欲出。

《五、韵之胜》称：“岩谷花，乱于樵客；禁苑花，累于嬖人；孤馆花，泣落于薄命之妇。几不韵矣。六桥花不然，映带则袖翠唇丹，撩乱则凝云吐雪，清冷则激羽流觞。正如金谷筵开，不可以村郎拦入者也。韵矣哉！”六桥的桃花，不同于生于岩谷之上而被樵客无情披斩之花，也不同于长于禁苑之中的因身份卑微而盼人宠幸之花，更不是孤馆之中的凄凉之花，而是年芳美貌，时地相当，且不须自卑其姿便能得欣赏之花，指出了六桥桃花的气韵之美，非他处能比。所有桃花负面的评价，与女子和青春有关的伤春与薄命，与乡土有关的鄙俗，与华而不实、操守不坚有关的人格，都远离了苏堤桃花的审美，故而桃花惟六桥称最。

《六、俊之胜》称：“花，花耳。六桥花，能泣、能笑、能言。其烟雨缤纷，柔脂零落，能泣；其水净霞明，红妆绰约，能笑；其云停风霁，芳颜欲醉，能言。至若以妙妓寒莺代泣，以箫管弦索代笑，以韵人笔舌代言，尤俊事矣。”作者将桃花在不同气象状况下的情形，比作能哭能笑能言语的俊俏佳人。烟雨之中的啜泣、霞光掩映下的娇笑与风云归静之后的欲言，比之以歌妓之莺喉、演奏之琴管、文才与唇舌之费，自然之中所呈现的美，实在是胜人一筹。

三、《西湖六桥桃评》在西湖桃花欣赏史上的意义

苏堤作为宋西湖十景所在地，其景址范围内的桃花景观乃是西湖四季花卉之中，表征春季的桃花一品中最为重要的代表。自从明代嘉靖年间遍植桃柳以来，虽然诗词文章赋咏不断，小说笔记如汪汝谦《西湖韵事》、袁宏道《西湖记述》也多有描写其春日的花卉景观，但一直没有人深度挖掘过苏堤桃花的品格与审美标准。

桃花的意象自《诗经》起，就与女性和爱情有着非常紧密的关联，导致了士大夫阶层多以男性视角来描绘桃花，且在梅、兰等以馨香见长而比照君子的花卉对比之下，日趋俗媚的现象。虽然唐代的皮日休曾在《桃花赋》中以桃花喻时运不济的寒士，但其影响力依旧难以超越刘禹锡笔下都玄观中对权贵阶层的讽刺，导致了进入宋代以后，桃花的欣赏与品评不断遇冷的状况。而西湖的桃花景观虽然在明代格外繁盛，但即使是如高濂《四时幽赏录》的长篇赘述中，亦不能免于只沉酣脂粉的审美。高濂在《苏堤看桃花》一文中仅将桃花喻美人，更多停留在感官的描绘，并未涉及更深层

次美学上的欣赏。而明末清初的李渔虽然在《闲情偶寄》中推举“是桃李二物，领袖群芳者也”①，也不过是咏叹桃花的色泽与女子之容。曹之璜之所以在文中将刘阮以来的桃花典故都批驳殆尽，原因也正根植于此。

花卉人格化与比德之风，是花卉欣赏的传统之一，苏堤的桃花自然也无法挣脱这样的价值评价体系。生活在明万历年间的闻启祥已经在《募种两堤桃柳议》肯定了白苏二堤推广桃花种植，以成规模并相配柳树的必要，指出：“选花如人，量才及地。梅如高士，宜置丘壑；桃如丽人，宜列屏障。梅以神赏，正不嫌少；桃以色授，正不厌多。况已有柳点眉之黛，何可无桃益眉之彩。”如果说植物一旦被塑造为景观，便进入到了欣赏与审美的范畴之中，那苏堤桃红柳绿的景观格局一旦被广为接受而确立定型，也就意味着苏堤的桃花开始成为时人审美与品评的对象。尤其是在“苏堤春晓”被确立为西湖十景之首的清代，更加需要有人为苏堤桃花的审美确立标准，使西湖之上的桃花能与以高洁著称的梅花、代表君子的荷花、仙客下凡的桂花相并齐。

约与康熙品题西湖十景同时，曹之璜写下了《西湖六桥桃评》一文，在花品和花格上为以苏堤为代表的西湖桃花景观作了总结和升华，也昭示着明代中晚期以来，西湖的桃花欣赏的热潮逐渐回归理性。苏堤桃花在曹之璜以“文辞磊砢”的反复引用与反驳典故六百字费心品评之下，脱离了明人笔下香艳世俗的窠臼，有了独树之处与君子之姿。如此一来，桃花欣赏在经过沉淀之后，最终还是回归了士风，成为了君子之花，西湖桃花的审美也于此得到了确立。

四、结　语

曹之璜《西湖六桥桃评》一文，作为现存鲜有的从地理环境到比德之喻，而非仅仅是从色泽之感来品评苏堤桃花景观的文献，虽然短小，却是不可多得的佳作。除了能为后人提供佐证康熙年间苏堤花卉景观状况的资料外，也见证了苏堤的桃花欣赏自明代嘉靖、万历年间以来的变迁和桃花在西湖植物景观欣赏史之中审美地位的提高。与此同时，苏堤的桃花经过明清两代的种植、维护、观赏和赋文，苏堤作为湖上赏桃胜地被确立下来。而桃花不仅在西湖的四季花卉之中占有了稳固的一席之地，也在传统的人文语境下花卉的人格化评价体系中有了足以与荷花、桂花和梅花相抗衡的资本与地位。

〔参 考 文 献〕

〔1〕《西湖文献集成》第 3 册《明代史志西湖文献专辑》，杭州出版社，2004 年。

〔2〕《西湖文献集成》第 4 册《清代史志西湖文献专辑》，杭州出版社，2004 年。

〔3〕《西湖文献集成》第 5 册《清代史志西湖文献专辑》，杭州出版社，2004 年。

〔4〕《西湖文献集成》第 6 册《清代史志西湖文献专辑》，杭州出版社，2004 年。

〔5〕《西湖文献集成》第 9 册《清代史志西湖文献专辑》，杭州出版社，2004 年。

〔6〕渠红岩：《中国古代文学桃花题材与意象研究》，南京师范大学，2008 年。

〔7〕杜清雨：《从杨柳芙蓉到桃红柳绿——苏堤植物景观的形成与演变》，《西湖学论丛·第八辑》，2017 年。

① 〔清〕李渔：《闲情偶寄》，人民文学出版社，2013 年，第 377 页。

钱选林和靖题材绘画作品解读

余洪峰

［摘 要］ 北宋隐逸诗人林和靖受到其后代文人和艺术家的广泛推崇，由此形成了一个以林和靖为题材的绘画传统。现存最早的该题材绘画为南宋宫廷画院画家的作品。宋末元初遗民画家钱选继承了该题材绘画传统，其作品体现出仿效南宋风格的一面，又显示出更早期画风的特征，它们是钱选个性与人生经历的写照，是其隐逸情怀的流露和寄托。

［关键词］ 林和靖；隐逸；钱选；遗民

一、林和靖题材绘画之缘起

林逋（967—1028），字君复，（谥）号和靖[①]，钱塘（今杭州）人，北宋杰出诗人，也是中国古代文学史上最著名的隐逸诗人之一。其少孤家贫，然勤奋好学，博通经史，兼擅诗词书画。早年浪迹江湖，约在40岁时回到杭州，隐居于西湖孤山。从此长达20年不涉足城市，且不仕不娶，以栽梅饲鹤、吟诗鸣琴为乐，人称“梅妻鹤子”。林和靖淡泊名利、甘贫乐道的隐逸风节在其同时代即受到了诸多文人名士的赞誉，并受到统治者的肯定和赏赐[②]。他死后声誉日著，宋以后历代至今，皆不乏倾心仰慕者。在各代文献中都留下了大量关于其生平事迹的记载和歌颂诗篇。人们在孤山其故庐周围也营建了诸多纪念设施，供人永久缅怀[③]。而历代亦有众多艺术家以林和靖（隐逸）为题材创作了大量画作，并有不少留存至今。这些画作中既有各代艺术家表达对林和靖的敬慕追念之作，也有借这一题材寄托和传达个人或群体情感的作品，以至于形成了一个以林和靖（隐逸）为题材的绘画传统，在中国绘画史上产生了一定的影响。

据文献和现存绘画资料，目前所知最早的林和靖题材绘画出现于南宋时期，留存至今的主要为南宋宫廷画院画家的作品。这里仅列举两例予以介绍，以作为下文解读元代画家钱选所画该题材作品之参照。

〔作者简介〕 余洪峰，杭州博物馆副馆长、副研究馆员，研究领域和方向：中国绘画史、杭州历史文化、博物馆陈列展览。

① 林逋去世后，后世多称其为“和靖先生”，由此和靖之名较之其本名更为人所知，故下文都称其为林和靖。

② 北宋著名文学家范仲淹、苏东坡等皆对林逋有很高评价；宋真宗曾赐其“粟帛，诏长吏岁时劳问”。林逋去世后，宋仁宗赐其谥号和靖。参见〔清〕陈梦雷、蒋廷锡等辑《古今图书集成》之《西湖部杂编·一、西湖部纪事》引《宋史·林逋传》和《杂记史料·二、杭州府部杂录》，以及〔南宋〕王象之编纂《舆地纪胜》之《临安府·人物·林逋》，以上均载王国平主编:《西湖文献集成》第1册，杭州出版社，2004年，第171、726、1019页。

③ 其中，清代与林和靖遗迹直接相关的题名景观“梅林归鹤”被列入“西湖十八景”之一；至今孤山仍保存着林逋墓、放鹤亭及舞鹤赋刻石，它们是世界遗产——“西湖文化景观”六要素之一“西湖文化史迹”的一个组成部分。

1. 马远《林和靖图》

马远（生卒年不详），字遥父，号钦山，原籍山西，生于钱塘（今杭州），出身绘画世家。其承继家学，又师法李唐等名画家而有所独创，“画山水、人物及花禽，种种臻妙”[①]，为南宋光宗至宁宗两朝（1190—1224）画院待诏，与夏圭齐名，是南宋画院最具实力和代表性的画家。

图 1 《林和靖图》

《林和靖图》，水墨浅设色，无款，藏于日本根津美术馆[②]。此图以边角方式构图，前景处是林和靖与侍立在侧的童子。旁有一株树干盘曲劲挺并向四周伸指般延展枝条的梅树。画右半幅有大片留白，天空中挂着一轮明月。和靖静静端坐，视线投向梅花，又似穿过梅枝而望向月空。画后方是用简洁的平涂手法绘出远山，几乎缺乏渲染的层次，但仍体现出画面的纵深感，且高山浓黑的色调与林和靖袍衣的白色形成鲜明反差，使观者的目光在初次接触画面的一刹那即被作为画面焦点的和靖形象所吸引。作者通过巧妙地组合画面要素并运用简括有力的笔触营造出幽然、超逸的气氛，使观者不由自主地与画中之人一同神游方外，获得一份超然物外的宁静与平和。

2. 马麟《林和靖孤山图》

马麟（生卒年不详），马远之子，宁宗时（1194—1224）画院祇候。传承家学，擅人物、山水、花鸟画，但成就并未超越其父。

图 2 《林和靖孤山图》

《林和靖孤山图》，立轴，绢本设色，原藏日本藤田美术馆。此图亦采用马远式边角构图。一株遒劲盘曲的老梅从画面左下角穿过两块用浓重笔墨勾勒的山岩，向高处蜿蜒舒展，与马远的梅树相比，其枝条不似后者般瘦硬突兀，而显得更柔和轻盈。

① 俞剑华编《中国美术家人名辞典》，上海人民美术出版社，1980 年，第 774 页。

② 是否为马远原作尚待考证，但在风格上无疑与之相仿，即便是非其亲笔的仿作，马远也很可能画过类似画作。

林和靖坐于梅树下，身躯略向后仰，正惬意地遥望即将隐没于远山的夕阳。在画的中线位置一只白鹤几乎用尽了全力向上伸长脖颈，并稍稍弯向落日的方向。几步开外，一个童子蹲在地上，其脚边可能是一处水面，而在画面上却显得似有似无。从其模糊的动作看，好像正在用水洗着什么。（盛酒或茶的器皿？）画面深处，是用不同浓淡墨色涂染的起伏山峦，显示出较为清晰的远近层次。在夕阳落下前的片刻间，天地渐入黑暗，薄暮笼罩在山野间，伴着夕阳的余晖，仿佛时间就此停步，将这无限美好的诗意瞬间定格。

从以上画作，我们可大体窥见南宋林和靖题材画作的一些特点：

首先，从画作类型及内容构成（画意）上看，这些作品都是以有人物的山水画面貌出现，从总体上说应属于山水画类型，但人物是画面的重要乃至核心元素。这也可以说是南宋宫廷画院作品中一种常见的类型和样式。这些作品多表现林和靖在梅花开放的季节（冬日或初春，常为黄昏或夜晚），在仆从或鹤的陪伴下，观梅、赋诗或赏月（夕阳西下）的场景。如仅从画面上看，山水的样貌无明显特征，并不具体指涉某处实景山水，至多只能结合林和靖典故间接判断其所描绘的是林氏隐居地——西湖孤山的景观。

其次，从风格或表现手法上看。这些画作通常都采用南宋作品中常用的边角构图法，即截取山水的一个局部作为背景，且将画作主题元素山、石、人物、植物等集中于画面的一角，并以对角线的方式保持一定的平衡，画面往往有大片留白。对物象的描绘，用笔细腻有力，刻画细致写实。梅树枝干曲折遒劲，瘦硬突兀，舒展而张扬；对人物姿容和衣饰的表现十分可信且传神，常突显出人物不食人间烟火的超尘绝俗之姿；对近景的山石常用劲爽的皴法（如斧劈皴），而远山较少皴擦，多用浓淡不一的墨色平涂以显出层次或纵深感。画面整体则常给人以恬静柔和、深邃缥缈的视觉印象，充满了韵律和诗意。这些技法和表现形式也都是不少南宋宫廷画院画家所热衷与推崇的。

二、宋末元初时代背景与文士阶层之境遇

1276年，元军进占南宋都城临安（今杭州），三年后消灭南宋政权残余势力，统一中国。政权更迭、异族入主及战争导致的社会动荡和混乱，对曾经的南宋士大夫阶层产生了巨大的震撼和冲击。随着政局的趋稳，元朝政府又采取了一系列压制歧视汉族文士的措施，如将全国人分为四等：一等蒙古人，二等色目人，三等汉人，四等南人。最低一等的南人主要就是指原南宋政权范围内的各族民众。统治者又把人们的职业分成十个等级，其中儒者排在第九，地位甚至比娼妓还低。此外，元初政治上大量使用色目人，并在一段时间里废除科举制，由此切断了普通文人的仕进之路。

面对着身份危机乃至生存危机，文人阶层作为一个松散的团体，自然缺乏反抗的力量，其成员在危难处境中，只能根据个体的现实情境采取各自的应对方式，加之秉性、志趣、人格各不相同等复杂因素，所选择道路便出现差异乃至相去甚远。显示出弱小个体在面临重大历史变故中渴望把握自身命运的理想与不得不屈服受制于现实压力的深刻冲突，以及因个体所面临矛盾呈现的不同情势所导致的选择异路。他们中的少部分人从现实利益出发，不顾历来珍视的作为身份标志的名节与操守，甘冒为同侪痛斥唾弃的道义风险，接受新政权的征召，摇身变为官僚阶层中的一员，以不甚光彩的方式实现了士大夫历来向往的经世之志。大部分人则因羞于辱节或缺乏条件转而寻求其他出路，或隐于乡间闾里，靠微薄的家产度日，或从事微贱的准文人行当或职业（民间代写文书、卜算之类），如此方苟全于世，不致招人指摘，亦委婉地宣示了不与变节趋附之徒同流合污的姿态，维护了已遭到严重践踏却仍不失象征意义的人格尊严。

另有少部分人则极为看重名节，他们深受传统华夷思想和忠义观念的浸染，尤其又经过宋代理

学思想的洗礼，视自己效忠之国度被“野蛮异族”侵犯蹂躏为奇耻大辱，值此亡国之际，内心备受打击，悲愤难抑，同时对故国充满了深深的怀念和感伤，此即所谓“遗民”群体，其中又以江南文人为主干。有的在态度和行为上甚至非常偏激极端，他们立誓永远“效忠”故国，并处处展现出一种决绝的不妥协乃至反抗姿态，如郑思肖、龚开等是典型代表。

三、钱选的生平与艺术特点

在遗民群体中，钱选是一位较为特别的人物。钱选（确切生卒年不可考，出生于南宋末年，14世纪初尚在），字舜举，号玉潭、巽峰、清癯老人、雪川翁、刁懒翁等，吴兴（今浙江湖州）人。宋末元初画家，擅长人物、山水、花鸟、鞍马等，尤善折枝花木，与赵孟頫等合称“吴兴八俊”。其在南宋时曾为景定年间的乡贡进士，入元后，他已步入中年。在南宋灭亡之初，他面对国破民殇痛心疾首，焦灼激愤中遂行决绝之举，焚毁早年心血著述，放弃儒生资格（意味着放弃儒生享有的获得政府生活资助的权利），成为一名靠卖画为生的职业画师，并甘心“隐于绘事以终其身”[①]，从此“不管六朝兴废事，一樽且向画图开”[②]。虽然后来元政府为巩固统治，以官禄笼络江南文士，并在文化方面采取相对宽松的政策，引得一批名士如赵孟頫等屈节放弃抵制姿态进入新政权官僚集团，且附和者甚多，“及孟頫被荐登朝，诸公皆相附取宦达，独选龃龉不合”[③]，他仍笃守其志，专心绘事，并维持一种近乎隐居的生活直到终老（“老作画师头雪白”[④]）。绘画不仅成为其在艰难困苦中得以维持生计的手段，更成为他寄托故国情怀、获得心灵安慰的精神支柱。而且随着时间的推移，他不但没有感觉到孤独和失落，反而愈发感受到远离庙堂、浸淫艺海之安适与惬意，自谓：“我亦闲中消日月，幽林深处听潺湲。”[⑤] 在所作《山居图卷》题诗后的跋语中说：“隐居乃余素志，何悔之有？”[⑥] 因此其所作诗文无怨愤不平之意”，[⑦] 如1294年为其所画梅花题句：“我虽貌汝失其□，□不逢时亦无怨。年华冉冉朔风吹，会待携樽再相见。”[⑧] 画作中也不像郑思肖等人那样露骨地表现出对时局的不平或对当权者的讥讽，而是充满了恬静的气氛和柔和的抒情意味。

在具体的绘画实践中，他也始终贯彻了文人特有的理想和操守。尽管以卖画为生，时常要迎合市场的需求和世俗的口味，然而钱选却以一种近乎倔强的坚韧姿态，坚持按自己的艺术品位和追求进行创作。自入元及至去世，他一直在艺术上孜孜以求创新，力求突破南宋以来的流行风格，从艺术风格本身找到艺术变革的出路。因此，他积极挖掘唐宋绘画传统资源，在画作中特别是山水画中尝试以小青绿风格为主调进行创作，并给予书法用笔相当的重视，开启了元代浅绛山水的新面貌，其可以说是南宋绘画过渡到元代新文人画的关键人物，对后世影响深远。

---

① 〔元〕赵汸《赠钱彦宾序》，载陈高华编《元代画家史料》（增补本）下引《东山存稿》卷二，中国书店2015年，第410页。

② 《题山水卷四首》，载〔清〕顾嗣立编《元诗选》（二集上），中华书局2002年，第86—87页。

③ 俞剑华编前引书，第1437页。

④ 陈高华编前引书，第391页。

⑤ 〔清〕顾嗣立编前引书，第86—87页。

⑥ 《山居图卷》，载〔清〕顾嗣立编前引书，第89—90页。

⑦ 陈高华编前引书，第410页。

⑧ 孙明材《宋末元初文人钱选诗文补辑》，《兰州学刊》2011年第7期，第131页。

四、钱选的隐逸情怀与林和靖题材画作

在绘画题材选择和画意呈现方面，钱选不时地流露出自己的心迹，尤其对隐逸的主题表现出特别的关注和由衷的喜爱。隐逸思想和怀古之情历来为文人士大夫所看重，值此改朝换代的纷乱之际，历史上的隐逸代表人物和典故特别能引起失意文人的追念和共鸣，是其借以曲折表达苦闷、抚慰伤痛的一剂良方。故而当时魏晋名贤及其后继者成为他们纷纷热衷援引、揄扬以致仿效的对象。著名画家潘天寿即指出："然当时在下臣民，以统治于异族人种之下，每多生不逢辰之感；故凡文人学士，以及士夫者流，每欲借笔墨，以书写其感想寄托，以为消遣。故从事绘画者，非寓康乐林泉之意，即带渊明怀晋之思。"[①] 钱选对魏晋时期的竹林七贤、陶潜（渊明）和王羲之深为景仰，他曾题《竹林七贤图》云："昔人好沉酣，人事不复理。但进杯中物，应世聊尔尔。悠悠天地间，偷乐本无愧。诸贤各有心，流俗毋轻议。"为七贤悠游畅饮辩护[②]。而这大概也是他嗜酒的一个重要缘由。戴表元谓其："酒不醉不能画，然绝醉不可画矣。惟将醉醺醺然，心手调和时，是其画趣。"[③] 饮酒不仅成为其排解郁结的手段，更成为其绘画的灵感来源和进入自如挥洒状态的催化剂。钱选曾创作过多幅与陶潜有关的画作，如人物画《扶醉图》（图 3），描绘了陶潜醉酒后的率意洒脱之态，从其题识（"贵贱造之者，有醉辄设。若先醉，便语客：我醉欲眠君且去"）看，也可视此图为钱选沉酣之态的自况。

图 3 《扶醉图》

另如山水画《归去来图》，是对陶潜同名诗作极富意趣的图解。该图题诗："衡门植五柳，东篱采丛菊。长啸有余清，无奈酒不足。当世宜沉酣，作色召侮辱。乘兴赋归欤，千载一辞独。"[④] 表达了对陶潜磊落率真、离尘绝俗姿态的崇仰之情。钱选还作有《羲之观鹅图》（参见下文），以此经典题材表现对隐居恬淡闲适生活的憧憬和对王羲之超逸人格的倾慕。

钱选对继承魏晋士人特别是陶潜遗风的林和靖也怀有深深的敬意。事实上，在当时钱选所在社交圈内的诸多文人艺术家皆推重林和靖，常在诗文题跋中言及，流露出对其隐逸人格和高蹈风采的赞美与向往。如赵孟頫与钱选友善，其曾为《孤山放鹤图》题诗（二首）：

西湖清且涟漪，扁舟时荡晴晖。处处青山独往，翩翩白鹤迎归。

---

① 潘天寿：《中国绘画史》，上海人民美术出版社，1983 年，第 163 页。

② 〔清〕顾嗣立编前引书，第 87 页。

③ 陈高华编前引书引（〔元〕戴表元）《剡源文集》卷十八，第 392—393 页。

④ 《归去来辞图》，载〔清〕顾嗣立编前引书，第 90 页。

昔年曾到孤山，苍藤古木高寒。想见先生风致，画图留与人问。①

钱选的好友牟巘曾题“舜举《水仙梅五绝》”，其中之一写道：“老逋久共梅同住，好事谁令有水仙。变化王侯等闲耳，不堪持到影香前。”② 而钱选作有多幅林和靖题材画作，其中《和靖先生观梅图》题诗曰：“不见西湖处士星，俨然风月为谁明。当时寂寞孤山下，两句诗成万古吟。”③《观梅觅句图》题曰：“山童野鹤伴吟身，结托梅花作子孙。要看先生衣钵处，暗香疏影月黄昏”④。

钱选传世的该题材作品主要有《西湖吟趣图》和《孤山图》。值得注意的是，此时期（可能就是自钱选开始）出现了表现林和靖题材不同的画作类型。如果说南宋时期该题材画作是以有人物的山水画（主体为山水画）为基本类型和特征，那么元代则一方面继承了南宋的类型，另一方面又出现了较为纯粹的人物画。钱选的这两幅存世作品恰好分别代表了这两种类型。

1.《西湖吟趣图》（图4）

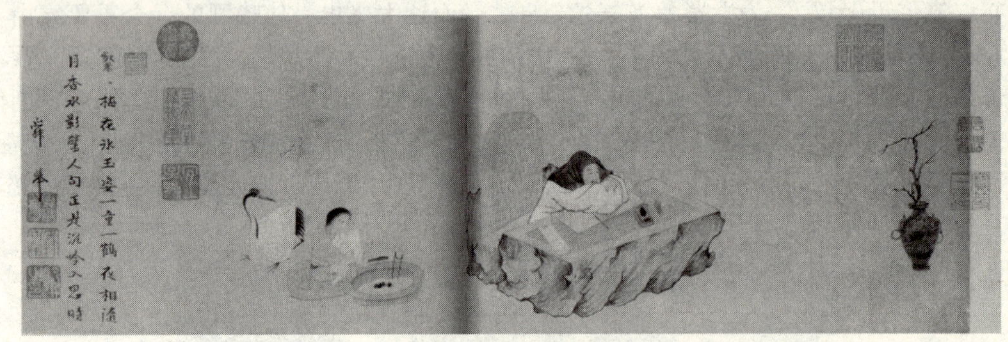

图4 《西湖吟趣图》

为人物画，纸本设色，藏于北京故宫博物院⑤。有题诗“粲粲梅花冰玉姿，一童一鹤夜相随。月香水影惊人句，正是沉吟入思时”，落款“舜举”，钤“舜举”“钱选之印”等印。另有乾隆和嘉庆的鉴藏印及此画收录于《石渠宝笈》等的收藏印，卷后并有历代多人题跋。

画作描绘的人与物极为简单，表现的是：时值春寒料峭之时，戴隐士头巾的林和靖于孤山草庐内（虽未画出屋宇，但可由画意想见）正笼袖伏于石案上凝神思觅着诗句，案前花瓶插梅一枝，其上粉花点点，至为素雅。另一侧一童子坐蒲团上，正蜷缩着烤火，眼神恭敬地望向诗人，仿佛思绪也被拉进主人的诗意世界。其旁一只丹顶白鹤伏卧于地，优雅地把脖颈弯向主人一边。童子烤火的样子暗示天气非常寒冷。对比之下，和靖专注赋诗，似已全然忘却严寒，从其怡然出神之态，可以想见其内心一定是愉悦而火热的。

从风格技法看，此画与南宋时期精致写实的院画风格显然差异较大，但处处透着古风的影子。史载钱选在人物画上曾师法北宋李公麟⑥，并取晋唐之法加以融会，从此画或可窥见一斑。该画对人

① 〔清〕翟灏、翟瀚辑《湖山便览·卷二·孤山路》，载王国平主编：《西湖文献集成》第8册，杭州出版社2004年，第642页。此画可能为赵孟頫作，但已失传。

② 陈高华编前引书引《陵阳文集》卷六，第394页。

③ 《御定历代题画诗类》卷四十一，参见“诸子百家——中国哲学书电子化计划”网站，网址：https://ctext.org/zh。

④ 孙明材前引文，《兰州学刊》2011年第7期，第131—132页。

⑤ 此图傅熹年认为系明人仿作，参见周积寅、王凤珠编著《中国历代画目大典（辽至元代卷）》，江苏教育出版社2002年，第24页。但无论是否为原作，钱选画过类似画作的可能性还是较大的。

⑥ 俞剑华编前引书，第1437页。

物所在的地面未着一墨，与唐代人物画不画出地面或仅仅使用很少的暗示如出一辙，只是与唐画中人物像悬浮在空中略有不同，由画上石桌等物看，又可感觉到有实实在在的地面。其描绘人物则如李公麟的笔法，用淡墨勾勒线条，并施以淡彩，寥寥数笔，简洁而传神。作者还巧妙运用对比手法，如对座椅靠背、竹垫、蒲团的纹理描绘得非常细致，线条细如发丝，有触之如真的质感。对白鹤的刻画亦很写实，以迅疾简约的线条即表现出纤柔的脖颈、尖利的嘴和羽毛的肌理，但对石桌、蒲团和火盆形状乃至人物的描绘，又有反透视的变形手法，加之设色清淡以及插梅的花瓶为汉代器物造型，这些都让画面透着浓浓的朴拙与古意。

审视全图，其意在捕捉和靖凝神静虑的片刻，此时的草庐内恍如其外冰冷的大地，仿佛一瞬间趋于冻结。但正是在此冷寂中，又潜伏着某种动感和活力。作者以弯曲而带有弹性的线条勾画出石桌的表面纹理，并以淡墨稍加皴染，使它好似产生了云状的翻滚之感，让人联想到北宋山石画法中的卷云皴。而石桌斜向的边缘线及和靖略歪斜的身姿，乃至火盆和蒲团微微向右上倾斜的样子，加之人物眼神的走向，都让观者产生物象向右方偏移的错觉，而移动的指向正对着瓶中的梅枝（梅枝亦斜向分叉予以呼应）。而花瓶的位置与石桌保持着让人感觉有点“不太合宜”的“过远”距离。或许作者正是想用这种“生硬”的画法寓动于静，不致让画面因气氛沉静而显得过于沉闷和呆板，并有意将花瓶放置得带有反常的疏离感，为的是让观者在关注和靖的同时，将其注意力也引向瓶中之梅（或许可以说它是此图隐含的真正焦点），即通过和靖出神乃至有点痴痴的表情，凸显其对梅花的恭敬之态，这种距离感仿佛强化了梅花的孤傲与高洁，俨然成为一个被人供奉的圣物，钱选由此借助和靖寄托了对梅花象征意义（冰清玉洁、坚贞不屈、超凡脱俗等）的仰慕之情。

在中国艺术史上，唐代是人物画的高峰，但自五代北宋以来，人物画的地位逐渐为山水画所取代，进入元代以后，更是趋于衰弱。而钱选等少数画家，依然保持着对人物画的重视和兴趣。钱选不仅善于效法前贤，而且能不落俗套，创作的人物画古意浓郁、内蕴深厚，且格调清新高雅、富有文人气，对人物画的继续发展可以说具有一定的承前启后作用。

2.《孤山图》（亦名《观梅图》）（图5）

图5 《孤山图》

为山水画。钱选流传下来的山水画较少，“所图山水当世罕传”。而现存的山水画，大多表现了与隐逸有关的主题，如《浮玉山居图》《山居图》《归去来图》《秋江待渡图》等。《孤山图》，纸本浅绛山水，藏于北京故宫博物院。上有钱选自题诗句：“一童一鹤两相随，闲步梅边赋小诗。疏影暗香真绝句，至今谁复继新辞。”及清乾隆帝的题诗：“霅溪古笔得天趣，能画能传画里诗。谁道逋翁句难续，依然疏影暗香词。”另有历代多方鉴藏印，如明代大收藏家项元汴的“子京”等。

此图与钱选另一幅反映名人典故的作品《羲之观鹅图》（图6）颇为相似。

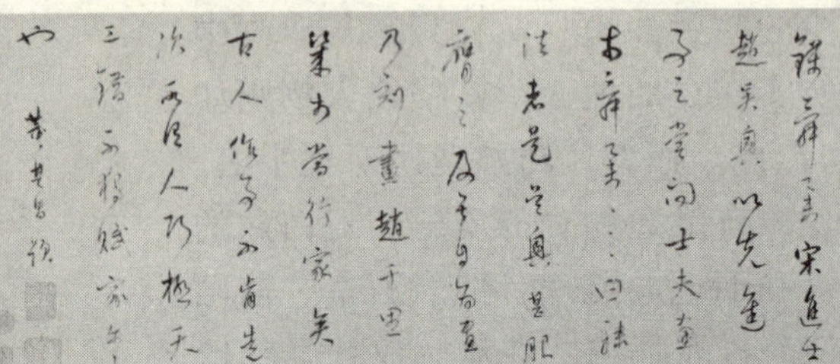

图6 《羲之观鹅图》

两幅画都采用了“一河（湖）两岸”式的构图，且水面大致都呈“v”字型。画面左侧，都绘有临水水榭，不过《羲之观鹅图》的水榭飞檐翘角、雕栏画栋，建筑颇为精致考究，而《孤山图》里的水榭只是用茅草铺顶的简陋房舍，与文献中所记林和靖的隐居草庐或许比较吻合。两图水榭边均林木葱郁，翠竹森森。孤山图的竹林后并画有一直延伸到远方的崇山峻岭，而羲之观鹅图在此位置则是一片空白。显然《孤山图》在此处有夸张的成分，因为实际的孤山在此方向上只有海拔较低的山峦（宝石山），并无高峻的山岭。在两图右侧河岸的另一边，都是层层起伏的远山，近岸山脚下有一些房舍和树林，《孤山图》在水边还画了两株枝干遒劲的梅树，枝头梅花点点，与左侧岸边的一株姿态婀娜的梅树相呼应。在设色方面，《羲之观鹅图》是典型的小青绿山水，色彩明丽。而《孤山图》则为浅绛山水，相对显得暗淡，是梅花所暗示之早春时节萧疏气氛的如实表现，特别是水榭旁树木竹丛墨色浓重突兀，加重了画面沉郁清旷的气息。此图的水榭内，戴头巾的林和靖在童子的陪伴下，正闲适自得地顺着水面眺望对岸的梅花和远山，按照钱选的题跋，他是一边在欣赏梅花，一边在为花赋诗。水榭外梅花旁的一只白鹤则增添了画面的趣味。

钱选的少年和青年时期处于南宋时期，其山水画起初也学自南宋画风（以院体山水为主），如文献提及其曾师法赵伯驹的青绿山水①。入元后，由于生活的急剧变化，在其放弃儒生资格，转以画事谋生后，或许是有感于南宋统治阶级包括文人阶层的颓靡不振而导致亡国，故而有意突破南宋“靡丽不实”画风的束缚，尝试回溯至更远时代如唐代和北宋的风格作为追摹的对象。在效仿的同时他善于融入自己的见解，力图开掘出更具文人气象的新山水画风。从其留存的画作看，可以肯定其在创作中进行了不少大胆的尝试，也取得了值得称道的成就。

对比南宋该题材画作，可以看到一定的相似之处，但区别也是明显的。如从画面内容（画意）上看，两者都是以山水为画面的主体内容，同时表现林和靖观景、赏梅及赋诗的场景。两者山水的样貌均无明显特征，并不具体反映某处实景山水，只能间接判断其为孤山及其周边景观。从构图上看，《孤山图》有南宋边角山水的影子，其将主要人物和事物置于画面一角作为全画的中心或焦点，并在另一侧布置相对次要和弱化的物象，其间有时以水体区隔，并考虑一定的留白。但水面被大大拓展，几乎占到画面的一半以上②，从而在视觉上给人以更加开阔深远的感觉，强化了作品旷远豪壮的气势。从技法上看，其对山体、树木的描绘也有类似南宋的处理方法，山体较近部分会施以皴法或苔点，较远部分则用墨平涂，以浓淡来表现远近层次；树木亦有线条明晰，笔势劲利的特点；对建筑物的轮廓线和透视关系交代得也比较清楚客观；但其对岩石的描绘，基本上用线条勾勒，再用淡墨或淡彩轻染并辅以稀疏的苔点，几乎没有什么皴擦，更未见南宋画作中常用的斧劈皴等侧锋挥就的劲利皴法。整体而言，钱选山水用笔更为概括、稚拙和疏宕，与南宋精巧细致的风格明显不同。

① 参见俞剑华编前引书，第1437页。

② 钱选有些作品更加夸张，大半为水面占据，如《秋江待渡图》。

虽如此，钱选的山水画显得并不刻板和粗陋，相反却有一种质朴典雅、清新脱俗的韵味，在他看似生涩矜持的笔调下,却蕴藏着蓬勃无尽的诗意,饱含着难以言传的情感。此种带有突破性意义的尝试，显然非有深湛的绘画功力和深厚的文化修养而不可为。

综上所述，钱选在承继南宋传统的基础上，创造性地运用唐宋等前代绘画语汇，为画作注入了新的技法和浓厚的古风意蕴，以有别于前人的方式重新诠释、想象和塑造了林和靖（隐逸）典故之意象。其作品让我们在回味南宋富有诗意和典雅趣味画风的同时，得以重新领略逐渐消逝远去的朴拙山水风格。他对古代资源的创新利用，结合和靖典故的挖掘重现，唤起了人们的怀古幽情和林泉之思。他也借助非再现自然物象的手法，创造了一个疏离人世的理想境域，在其中他将自己的心灵与古代隐士的心灵合二为一，彻底放飞于辽阔无尽的山水中，从而得以暂时逃离和忘却尘世的哀伤与苦痛。借助绘画和隐逸传统，钱选把现实世界与幻想世界予以连接，使自己身处乱世的坎坷命运和千般愁绪获得了一丝情感寄托，并为自己的隐逸理想找到了合适的表达途径。

《管庭芬日记》里的西湖

罗婷婷

［摘　要］关于西湖与名人已经有很多研究，但普通文人眼中的西湖却鲜有人关注，本文拟从清末一个普通文人管庭芬的日记入手，发覆西湖在一个不得志的底层文人眼中的意蕴，探究西湖的普遍价值。

［关键词］管庭芬；日记；西湖；田园意趣；文人雅致

说到西湖与文人，人们通常会第一时间想到白居易和苏轼两位老市长，作为大家，他们确实留下了许多关于西湖的传世篇章，其重要性不言而喻。目前有关西湖与名人的研究已有很多，但是对于普通人尤其是下层文人关注不多，事实上不得志的文人更容易寄情山水，抒发自身的真情实感。本文拟从清末一个普通文人管庭芬留下的日记入手，发覆他眼中的西湖，探询西湖在一个不得志文人眼中的意蕴。

一、管庭芬与西湖的渊源

管庭芬（1797—1880），原名怀许，字培兰，又字子佩，号芷湘，亦号渟溪老渔、渟溪钓鱼翁，浙江海宁人，能诗善画，精鉴赏、校勘，是清代学者、画家、藏书家和校勘家。管庭芬屡试不利，最终仍以诸生出身，可说是科场失意的中下层知识分子的典型代表。他的一生并没有取得显赫的功名，也没有非常突出的成就，《管庭芬日记》（原题《芷湘日记》）记录的就是一个地方中下层文人的具体生活历程。《管庭芬日记》记事起于清嘉庆二年（1797），止于清同治四年（1865），前后共69年，在那个时代对于享年84岁的管庭芬来说已经达到相当完整的程度，而管庭芬之所以引起时人关注正是因为他这部长达69年的日记至今存世并被整理刊布。管庭芬生平主要生活区域在海宁（海昌），管庭芬的家乡路仲里是海宁东北部一个比较偏僻的小村落，渟溪贯穿南北，水道纵横交错，外出的主要交通工具是船只，在《管庭芬日记》中可以看到他多次由水路往返于家乡海宁与杭州间参加科举考试的记载。从海宁到杭州的交通主要是水路，据《海宁州志》："自省至县，水路三：曰上河，由临平镇；曰下河，由塘栖镇，俱会于长安镇；曰备水塘河，由打铁关。"[①] 管庭芬到杭州经常走的是长安至临平一线的上河水路。赴考期间管庭芬经常邀约好友同伴游山玩水吟赏烟霞，如清嘉庆二十年乙亥（1815）四月的记载：

十八　晴。偕诸考侣泛舟西湖，登孤山，憩望湖楼及曲院风荷，有亭翼然水次，已半圮矣。顺由竹素园小酌，曲水绕阶，有兰亭佳趣，返棹已山雾空漾矣，急由涌金埠入城。[②]

［作者简介］罗婷婷，1981年生，浙大本硕，任职于杭州西湖博物馆学术外联部。

① 战鲁村修《海宁州志》卷一，乾隆四十年（1775）修，道光二十八年（1848）重刊本，第14页。

② 《管庭芬日记》第一册，中华书局，2013年，第22页。

这是时年 19 岁的管庭芬第一次正式应试，在顺利通过州试、府试后，院试却不幸落榜。进学后管庭芬又因多次参加各种科举考试进省城，如清嘉庆二十三年戊寅（1818）的记载：

省试后，樵芸招友游栖霞、紫云二洞，以诗索和，即次原韵。其一："怪石开霞岭，岳崎断复连。湖光迷列岫，岚气接诸天。钟磬清幽谷，松萝拂细泉。牛侯墓陵古，翁仲夕阳眠。"其二："紫云围万绿，鸟道倚山连。竹径疑无路，桃源别有天。水云吐吞瀑，雨石走飞泉。不敢临风啸，饥蛟绝壑眠。"[①]

清嘉庆二十五年庚辰（1820）三月的记载：

初七　雨竟日不止。回忆上省旬余，无日不徜徉湖山间。因戏为之诗曰："西湖连日步纡徐，踏遍林峦佛氏庐。胜境岂为游客造，好山多被俗僧居。半篙水长开奁镜，一桁风轻拂燕裾。我笑春光太多事，空教飞絮扑游鱼。"

初八　谷雨。阴。是日晨起，即出清波门，至虎跑寺，归由石屋洞，上南高峰，度石屋岭，达高丽、法相二招提，访留余山居旧址而返。夜无月，伏枕忆虎跑之胜，因为之口占一律曰："长松夹路幕天光，石凳嵌崎藓色苍。一派飞泉开虎迹，万重碧嶂压僧房。风摇竹影垂新绿，花映禅扉发妙香。坐久顿消尘世俗，一杯佳茗腋生凉。"亦不自知其为工拙也。[②]

一直到清嘉庆二十五年（1820），时年 24 岁的管庭芬终于如愿考入海宁州学为生员（秀才），取得最低级的科举功名，成为下层士绅。西湖周边景点如考场附近的吴山、清河坊以及孤山、钱塘门、涌金埠、宝石山、葛岭、紫阳山、紫云洞、灵隐、净慈寺、清波门、虎跑寺、高丽寺、岳庙、凤凰山、万松岭、海月桥、圣果寺等都留下了管庭芬的足迹，几乎遍及杭城的每个角落，他在日记中赋诗吟咏，自得其乐。不同于早期游山玩水的是，管庭芬在日记最后著录了战争对杭州的摧残，充满黍离之悲，见清咸丰十年庚申（1860）二月的记载：

廿一　薄阴。偕静簃舟之硖，惊悉寇匪大队之杭武林门外，焚荡庐舍，数日尚未熄，人民死者不可胜记，城中兵勇无一出御，殊可悲叹。

廿二　晚，阴有小雨。闻湖上诸招提颇多残毁，酒肉头陀亦知猛醒矣。夜雨声达旦。

廿五　薄晴。致端甫一札。闻杭城已破，妇女殉节者不可胜计，惟满营尚固守。[③]

这里记载的是太平天国运动时期杭州首次陷落的情形，浙江巡抚罗遵殿自杀，只有瑞昌驻守的满营未被攻破。此次攻打杭州其实是李秀成为解南京之围使的围魏救赵之计，城破后清军的江南大营就开始分兵救援杭州，李秀成见目的达成，五天后主动撤离杭州。杭州第二次陷落始于清咸丰十一年（1861）夏，太平军大规模向杭州进军，同年 11 月 17 日杭州十门被围，内外交通断绝，12 月 29 日太平军从望江、候潮、凤山、清波四门攻入杭州外城，12 月 31 日八旗兵驻防的满城也被李秀成攻破，瑞昌以下上千旗人及家属均自杀。一直到同治三年（1864）清军才夺回杭州，至此杭州已经整整沦陷了三年，人口从 87 万锐减到 7 万，萧条破败，可以说从天堂沦为地狱，见清同治四年乙丑（1865）六月的记载：

廿四　晴。侵晨由满营，虚寂无人，蓬蒿塞径，数万户竟成国殇，悲哉。出钱塘门，

① 〔清〕管庭芬《管庭芬日记》第一册，中华书局，2013 年，第 72 页。

② 〔清〕管庭芬《管庭芬日记》第一册，中华书局，2013 年，第 92 页。

③ 〔清〕管庭芬《管庭芬日记》第四册，中华书局，2013 年，第 1642 页。

往日嬉游之地荒无屋一椽，城根时见白骨，昭庆寺先毁，仅坐一古佛于风中。大佛寺莫存其迹，虽凤林钟声如昔，而后佛楼不存矣。时孤山祠庙亭树荡然，新修照胆台亦未竣工。抵岳王庙，虽粗为完构，然岳王碑像等皆焚剥不完矣。岳墓南枝半已斫伐，跪墓四铁人，三失其首，惟冲正一像存，抵晚归寓，不胜凭吊余墟之叹。

廿七　晴。晨出钱塘门，由岳坟以西见所葬万骨堆十余，盖葬寇乱横死之骨，每堆三千斤，哀哉。然积庆寺后及长桥之西所葬更倍，所葬不啻百万矣。自宋清溪寇虐以来无此惨祸，为之流涕。之行春桥荦道中，荆棘蔽塞，苔滑不可行，道左恶木乱草高丈余，草间簌簌有声，必非佳物，心殊怵怵也。过九里松始见败屋茅舍，然绝无人行，殊可异耳。上天竺仅存山门祖堂，余皆毁尽，大士像盖矮屋三楹以处之。晤旧方外友戒恒，坚留午斋，下山过中下二竺，景像略同。灵隐寺亦存山门、罗汉堂，惟泠泉亭如旧，时问禅友清梵，则存亡不可知矣。晚，寺僧导行至茅家埠，舟抵涌金门而归。湖中皆炮船停泊，兵勇皆伐山中大树为薪，虽古贤墓亦不免，殊可伤已。

廿九　阴雨即止，午后晤施容庵侄孙婿，即出清波门，黄茅白苇，极目无际，民居仅草屋二三家，万松岭久成畏途，绝无人迹往来。抵净慈寺，毁废已尽，仅有败垣，左右亦少邻屋，无可驻，兴尽而返。①

日记中记录了战乱后杭州萧条破败的景象：白骨随处可见，光岳庙以西就有十多堆，每堆三千斤，可以想见当时的场景何等触目惊心。人间天堂成了修罗地狱，房屋被焚毁殆尽，昔日名胜杳无人烟，一片荒凉，与战前形成鲜明对比。清代丁丙的《庚辛泣杭录》对此有详尽记载："杭之躏于粤寇也，庚申之变，越五日而复其城。自辛酉迄甲子，陆沉又逾两载……"② 其中收录的陈学绳的《两浙庚辛纪略》、华学烈的《杭城再陷纪实》、李圭的《思痛记》以及张尔嘉的《难中记》均记载了庚辛之役的详细情形以及各自在战乱中的亲身经历，说是九死一生、死里逃生也不为过，可见当时的杭城百姓饱受战乱之苦。事实上庚申之变后整个中国都陷入水深火热之中，这只是冰山一角，折射出整个社会的动荡不安、兵荒马乱。无情的战火不仅扰乱了管庭芬原来的平静生活，也使得他和他身边的亲朋好友历经劫难乃至家破人亡，地方社会秩序陷入极度混乱无序的状态，官匪不分，趁火打劫，年近花甲的管庭芬不得不在惶惶不安中度过多年动乱的岁月。《管庭芬日记》作为个人日常生活的记录真实地反映了近代这段历史，可作史证。

二、管庭芬的人生意趣

在没有赴杭赶考的日子里，管庭芬一直静静地在家乡馆课授业，以诗画自遣。如清嘉庆二十三年戊寅（1818）的日记：

正月杪，仍馆红叶村庄。匝月闭门，足音绝少，偶尔相羊，得诗一首，云："春风剪柳来，吹衣何习习。负手村落间，门巷缘阴湿。短芦野水平，瘦竹芳露浥。暖烟一缕斜，遮住浮图级。牧童牛背归，落花点草笠。"③

诗中描写的都是日常习见，诗人背着手在村落间散步，看到水边短短的芦苇和瘦削的竹子上沾

① 〔清〕管庭芬：《管庭芬日记》第四册，中华书局，2013 年，第 1814—1815 页。

② 〔清〕丁丙：《庚辛泣杭录》卷二，《杭州文献集成》第 9 册，杭州出版社，2014 年，第 432 页。

③ 〔清〕管庭芬：《管庭芬日记》第一册，中华书局，2013 年，第 69—70 页。

染的露水，炊烟袅袅升起，遮住了佛塔，牧童骑着牛归来，头上的草笠沾染了落花。明明是寻常的村落景象，在管庭芬笔下却如诗如画，充满诗情画意，这与他所处的居住环境以及文人式审美有很大关系。如清道光七年丁亥（1827）十一月的记载：

> 廿二　阴。晚有晴意，中宵见月。是日作《岁暮田家杂诗》十绝。其一云："新酒浮香满甕中，一天雪霁急西风。阿翁踏菜茅檐下，日照双扉冷不红。"……其八："乍晴乍雨过时光，柏子冬青采折忙。记得今朝齐送灶，红豇豆饭白饴糖。"①

这些记录岁末农家生活的小诗颇有南宋范成大《四时田园杂兴》的风范，都以组诗形式记录田园生活。而且诗人自己也亲身参与其中——在茅檐下踏菜。踏菜是腌菜制作的一个重要环节，新鲜蔬菜用盐腌渍后要尽量控干水分，这一环节最好用脚踏实。"乍晴乍雨"是彼时的天气实况，正是在这样的晴雨不定中光阴慢慢流逝。接下来就是传统习俗"送灶"，人们忙着备办柏子、冬青和白糖红豇豆饭。丰子恺的散文《过年》对此习俗有详细描述："（腊月）廿三日晚上送灶，灶君菩萨每年上天约一星期，廿三夜上去，大年夜回来。这菩萨据说是天神派下来监视人家的，每家一个……廿三这一天，家家烧赤豆糯米饭，先盛一大碗供在灶君面前，然后全家来吃。吃过之后，黄昏时分，父亲穿了大礼服来灶前膜拜，跟着，我们大家跪拜。拜过之后，将灶君的神像从灶台上请下来，放进一顶灶轿里。这灶轿是白天从市上买来的，用红绿纸张糊成，两旁贴着一副对联，上写'上天奏善事，下界保平安'。我们拿些冬青柏子，插在灶轿两旁，再拿一串纸做的金元宝挂在轿上；又拿一点糖塌饼来，粘在灶君菩萨的嘴上。这样一来，他上去见了天神，粘嘴粘舌的，说话不清楚，免得把别人的恶事全盘说出。"② 管庭芬非常欣赏范成大的田园诗，除模仿之外还有和作，如清道光八年（1828）六月的记载：

> 廿五　晴。警石夫子寄《和范石湖夏日田园杂兴》原韵十二绝见示，余依韵和之，其一："立夏才过豆荚微，渐看绿暗又红稀。原蚕作茧山头白，最怕蚕蛾出茧飞。"其二："草阁江深带嫩寒，晓来尚怯夹衣单。麦秋天气梅黄候，野水平堤百顷宽。"其三："浮萍乱叠拟荷钱，田事匆匆已半年。闲看新秧扶杖立，牧童弄笛夕阳天。"③

自从陶渊明不为五斗米折腰毅然回归田园，"采菊东篱下，悠然见南山"就成了文人对田园牧歌式生活的向往，成了他们心中的桃花源。事实上除了陶渊明亲自下过地，真正经历过田园躬耕的文人少之又少，像王维只是偶尔去辋川别墅小住，白居易更是半仕半隐。管庭芬虽然没有亲自躬耕于陇亩，但却是田园生活真实的目击者和记录者，这是他的生活环境使然，从他自号渟溪老渔、渟溪钓鱼翁即可见一斑。管庭芬有良好的艺术修养，日常以题诗作画自娱，如清咸丰七年丁巳（1857）的日记：

> （四月小）
>
> 十七　晴雨不定。画扇并题云："趁晓作山游，晴云抛满谷。清钟出树杪，幽泉漱岩麓。意行随所止，鸣琴趣所独。寥寥天风来，一扫尘万斛。"
>
> 廿三　微阴。作画并题云："十年前鼓山阴棹，溪水潆洄溯板桥。曾向柳边陪客住，几间茅屋访渔樵。"

---

①〔清〕管庭芬：《管庭芬日记》第一册，中华书局，2013 年，第 451 页。

② 丰子恺：《缘缘堂续笔》，海豚出版社，2014 年，第 60 页。

③〔清〕管庭芬《管庭芬日记》第二册，中华书局，2013 年，第 477 页。

（又五月小）

初十　晨雨即晴。夜有月。是日作画并题二绝云："自翻日记思游迹，策杖探幽溯越中。忆得题诗镌翠壁，云门寺北若耶东。"又："群峰横翠白云中，天籁遥传一壑风。共坐磐院话清昼，不知樵叟是溪翁。"①

题诗作画很好地体现了管庭芬的文学修养及艺术品位，由于个人经历及所处环境的影响，其内容极富田园意趣，无论"几间茅屋访渔樵"还是"不知樵叟是溪翁"都非常贴近他的日常环境和生活。同时他还喜好寻幽访胜，时有出尘之想，如"清钟出树杪，幽泉漱岩麓""寥寥天风来，一扫尘万斛"等。田园意趣和文人雅致在管庭芬身上完美融合，形成了他独有的人生意趣。所以，他一生虽然困于场屋，却对科举考试有自己清醒的认知：

读书所以长识见，若徒博科名，死于章句下，不知古今理乱为何物，亦属可怜。余有绝句云："静摊黄卷对孤檠，一榻丛残手自评。别有深心人不解，读书岂仅博科名。"②

事实上自清嘉庆二十五年（1820）管庭芬取得秀才功名后，从道光元年到道光十一年这重要的十年间由于种种原因，管庭芬没有参加科举考试。据《管庭芬日记》及法式善等撰写的《清秘述闻三种》记载，从清道光十二年（1832）壬辰科到咸丰二年（1852）壬子科，21年间管庭芬连续参加了12科浙江乡试，有考必试，每试必败，直到56岁落榜后其日记未见有科考应试记录。可以说，除了早期的秀才功名外，此后管庭芬在科举道路上再无寸进；他24岁中生员，取得了下层士绅的身份，但56岁还没有中举人，终其一生都没能迈入上层士绅的行列。这对于他来说，当然是一种巨大的打击，但是他没有一蹶不振、自暴自弃，因为他真正把读书内化成一种人生乐趣和精神寄托。对他来说，读书不仅是为了功名利禄，吟诗作画、鉴赏金石、校抄古籍等个人爱好让他在平淡无奇的日常生活中找到乐趣，悠然自得地享受田园生活，这完全是一种心境上的体验和超脱。正是这种心境构成了他精神世界的基石，管庭芬以此对抗科举失利的失意，享受田园生活的平静，自在从容地度过了一生。管庭芬的日记还著录了他的交游情况，基于他自身良好的文学、艺术修养以及人生意趣，他的周围有一群志趣相投的知交好友唱和往来，如清咸丰九年己未（1859）的记载：

五月初五　天中节。晴。午酌孟翁处。夜有月。是日接寅昉书，并寄题费文晓楼为予所画《渟溪渔隐图》长古一章来，其诗曰："渟溪之水清且涟，渟溪之鱼美且鲜。渟溪先生物外天，飘然一舸旁水边。人不设饵鱼狎筌，手一垂纶三绝编。网罗散佚收其全，渊源探讨师彭篯。海滨典物如归川，何以贯之经籍专。……"

六月三十　晴。传山寄题予《渟溪渔隐图》诗来，作五、六、七言体。其一："尘外白鸥招，扁舟此身寄。他时续旧闻，甫里君须记。"其二："占来鲈乡亭长，且署烟波钓徒。短艇欲通略彴，长竿欲拂珊瑚。"其三："乌桕青杨路溯洄，渔兄渔弟尽堪陪。邀名却笑严陵老，钓取千秋有一台。传山弟徐元勋拜题。"③

友人为他所作《渟溪渔隐图》及题诗非常契合他的号"渟溪老渔""渟溪钓鱼翁"。友人尊称他为"渟溪先生"，把他比作汉代知名隐士严子陵、唐代烟波钓徒张志和，足见友人对其品性的高度欣赏与肯定。这与他的自我评价是一致的，见道光七年丁亥（1827）十一月的记载：

①〔清〕管庭芬：《管庭芬日记》第四册，中华书局，2013年，第1572、1575页。

②〔清〕管庭芬：《管庭芬日记》第一册，中华书局，2013年，第72页。

③〔清〕管庭芬：《管庭芬日记》第四册，中华书局，2013年，第1623、1627页。

初六　阴雨竟日。自画《溪亭老屋图》并题二律，其一："东倒西歪屋数间，虽居尘境亦深山。门临小市无车马，篱傍清溪绕曲湾。剪韭可留佳客住，傭书未许主人间（闲）。从今《陋室铭》堪续，庭草侵帘不忍删。"①

此中化用多个典故，无论陶渊明的"结庐在人境，而无车马喧"还是杜甫的"夜雨剪春韭，新炊间黄粱"，抑或刘禹锡的《陋室铭》都寄寓了作者淡泊明志、宁静致远之意。在其所有至交好友中六舟上人占据了非常重要的一席。僧六舟（1791—1858），俗姓姚，名达受，别号慧日峰主、南屏退叟、西子湖头摆渡僧等，曾以磨砖作镜室、宝素室等为斋名，浙江海宁人。在他67年的人生中，大部分时间是以僧人的形象出现在世人面前，以访碑、拓印著称于世。管庭芬上省赴试期间经常和六舟会面，过从甚密，如咸丰元年辛亥（1851）的记载：

四月大

十五　侵晨放舟，未刻入省城。……即之南屏，夜与六公对榻报本堂小阁。月色甚佳。

十八　晴。晨偕六公舆，行至上天竺法喜寺，并晤方丈楞严、监院远尘、副寺萃云，即下榻于白云堂之十笏楼。晚阴，有小雨。

十九　阴雨。诸上人属予修葺《天竺山志》，并观崇祯间释广宾《上竺山志》及灌顶法师《续志》。②

清咸丰三年癸丑（1853）的记载：

三月大

初一　晴。午后铁翁来，即偕至南屏六公处，晚由轻船自茅埠回山。

初四　薄晴。午后抵州城，夜宿六公磨砖作镜轩，清谈之二鼓方寝。

五月小

十八　雨。时因上省，由便航入城，夜宿六公处。③

管庭芬上省赴试期间经常下榻六舟处，清谈至夜深，相交莫逆。也因六舟的关系管庭芬与杭州各寺僧多有交往，曾受上天竺楞严、萃云两上人之邀编纂《天竺山志》，历时三年告蒇。六舟逝后管庭芬痛失知己，在咸丰八年戊午（1858）七月的日记中追溯了两人相交始末：

十八　晴。有月。作挽六公诗六首并序云："芬与公相订缟纻几三十年矣，相交最深，相知最稔。自戊申后公主净慈禅寺，招芬来游湖上，时坐万峰之巅，旷览江山之胜，不乏联吟之作。及公退院，芬寓灵竺山中，公亦不时相访，手携纸墨，遍拓摩崖旧迹几百余种，装褫成册，共相欣赏。……"④

管庭芬回忆了与六舟上人30多年的交情，两人经常一起登山临水、吟咏唱和，因为有相同的爱好——鉴赏金石，随身携带纸墨拓遍杭州山间的摩崖石刻，装订成册后共同欣赏，颇有"奇文共欣赏，疑义相与析"之意，见清道光二十二年壬寅（1842）的记载：

八月小

① 〔清〕管庭芬：《管庭芬日记》第一册，中华书局，2013年，第448—449页。

② 〔清〕管庭芬：《管庭芬日记》第四册，中华书局，2013年，第1400、1402页。

③ 〔清〕管庭芬：《管庭芬日记》第四册，中华书局，2013年，第1464、1470页。

④ 〔清〕管庭芬：《管庭芬日记》第四册，中华书局，2013年，第1600—1601页。

初六　晴。是日为生沭忏事之始，六舟出观所藏书画及金石器具及拓本甚富，并观东魏所镌玉佛并扬州所缩临汉碑百种，精妙绝伦，牛氏《金石经眼录》不能专美于前矣。

初七　晴。忏事未毕，六舟出唐卢元辅游天竺诗摩崖拓本属题，原拓字皆自右至左，末句渤，中"修竹扫云霞"，《西湖志》作"洞中待我扫云霞"，盖误。又钱武肃王慈云岭题名"西关城宇台殿水阁"句云"水阁"，当释作"小阁"，盖岭上并无积水之所也，岂因篆书之误而《西湖志》仍之？①

管庭芬的家居生活和交游情况很好地反映了他的人生意趣——田园意趣和文人雅致的完美融合，管庭芬一生虽然困于场屋却始终乐天知命，也得益于此。管庭芬的人生意趣支持他走过漫漫人生路，没有飞黄腾达富贵荣华却自得其乐悠然自适，是芸芸众生中少有的超脱者。

三、管庭芬的西湖审美

日记首先是日常生活的记录，管庭芬的日记除了记录他每天的生活还包括天气情况、出行交游、读书作画等，内容广泛，细水长流，娓娓道来，情致盎然，这正是他融合了田园意趣和文人雅趣的人生意趣的体现。于西湖的审美亦然。管庭芬在日记中留下了很多吟咏西湖美景的诗篇，如清道光九年己丑（1829）的记载：

三月小

廿六　晴。散步吴山，坐映江楼久之乃下。午刻适法华泰山青帝行香，即往钱塘门观焉。晚薄阴，是日怡云以《五柳居雨后小酌》一律嘱和，余依韵答之："欲采莼丝侣钓徒，昏昏薄雾锁蓬壶。酒人信可陪高士，神女何妨访藐姑。一塔绕云铃语滑，四山涵雨鹤峰孤。归来陡觉波光黑，指点渔灯透隔湖。"余又作《三潭映月》一首曰："极天黛色蘸蒲菰，指点南屏寸碧孤。渔吸波光穿石溆，柳拖山影失晴湖。一舟撑出惊鸥鸟，三塔遥看入画图。大似煮茶亭畔路，望中烟雨罨模糊。"

九月大

初九　晴。重九佳节。买艇湖上，登高宝石山及三潭映月、金沙港诸处。东风甚大，天色渐阴，抵晚归寓后即雨。是夜作《登宝石山》一律云："思扶瘦塔作枯筇，狂插茱萸踏翠峰。云绕岩坳飞野鹤，松穿石壁骇虬龙。挂来藤笠吟怀爽，脱却秋衣醉态浓。一碧湖光开镜面，葛仙翁近好相逢。"

十四　晴。夜有月。补作《秋日湖上杂诗》六绝，其一："衰柳惊秋噪暮鸦，六桥渐觉长桑麻。晚凉一阵香风透，知有人来卖桂花。"其二："万顷寒漪本画图，两堤夹断一山孤。如何不见波光碧，苹叶莼丝涨满湖。"其三："如飞小艇绕城隈，齐向栏前赶鸭回。惊起前滩双白鹭，误他处士鹤归来。"其四："废院荒祠不识名，朱扉空锁野蒿生。断垣尽日零秋雨，添得凄凉促织声。"②

管庭芬对西湖风景并不陌生，他在日记中赋诗吟咏在不同的季节和天气欣赏到的不同美景，在他的诗中随处可见高士、处士、葛仙翁等字眼，充满了隐逸旷达的情怀。管庭芬眼中的吴山是这样的：

---

①〔清〕管庭芬：《管庭芬日记》第三册，中华书局，2013年，第1091页

②〔清〕管庭芬：《管庭芬日记》第二册，中华书局，2013年，第510、535页

道光十四年甲午（1834）三月廿七　晨阴雨。已刻即偕友梅登吴山，天渐开霁，遥望江外青山，不为霏烟所隔，了了如画，颇快人意。随由四宜亭下山，出清波门，至净慈寺啜茗久之，登小有天园，已荒芜如丛冢，仅于瓦砾堆中觅细径，至琴台读摩崖石经而回。①

这是一个阴天，清晨细雨霏霏，上午九点多管庭芬就和友人一起爬吴山，天气渐转晴朗，云消雾散，在吴山上登高眺远，能看到隔江的青山历历在目了了如画，心情也随之畅快起来。谢灵运有云："天下良辰、美景、赏心、乐事，四者难并。"此时天气转好，可算良辰；从吴山上遥望江外青山，可谓美景；有友人相伴登山，可谓赏心乐事，所以管庭芬感觉"颇快人意"。他眼中的西湖是这样的：

道光二十四年甲辰（1844）十一月初十　晴。偕升恒之湖上，时霁雪未消，群峰玉立，时露红墙绀宇于古松修竹间，李将军得意笔也。②

这里提到的"李将军"是唐代书画家李思训，曾任右武卫大将军，世称"大李将军"。李思训主要师承隋代画家展子虔的青绿山水画风并加以发展，尤以金碧山水著称，明代董其昌推其为山水画"北宗"之祖。在管庭芬眼里，西湖就是一幅李将军的得意之作，时值隆冬，积雪未消，矗立的山头泛着玉石般莹润的光泽，古松修竹之间不时露出佛寺的红墙一角，管庭芬于寥寥数语间就勾勒出一幅美轮美奂的山水画。从山顶俯瞰西湖的视角是这样的：

咸丰元年辛亥（1851）五月初四　薄阴。偕友登棋盘岭，从万竹中回旋而上，江湖形胜，尽在舄底，诚旷观也。③

管庭芬和友人相偕登上棋盘山后，钱塘江和西湖尽在眼底，真有"一览众山小"的豪情和旷达。管庭芬理想中的西湖佳境是这样的：

道光二十七年丁未（1847）五月十三　晴。夜有月。是日六舟为其友君庐仙乞画《湖上草堂图》，并题二绝。其一："湖光疑雨复疑晴，漠漠轻烟隔岸生。随意结茅云水窟，流莺时和读书声。"④

这虽是为友人的友人所作的题画诗，却寄托了管庭芬本人的人生意趣："湖光疑雨复疑晴"化用了苏轼的名句"水光潋滟晴方好，山色空濛雨亦奇"；"漠漠轻烟隔岸生""流莺时和读书声"则有王维"漠漠水田飞白鹭，阴阴夏木啭黄鹂"的影子。在管庭芬看来，在西湖边结一草庐伴着湖光山色，时有流莺啼鸣和着读书声，实在是如诗如画，是人生的至高境界和享受。

以上从各个角度展现了管庭芬的西湖审美，没有华词丽藻，只是用平实的语言娓娓道出内心的真情实感，从中可以感受到作者的好尚。管庭芬性喜山水，上省赴试期间西湖周边景点都曾留下他的屐痕处处，不同于《儒林外史》中马二先生游西湖的茫无所感，管庭芬真情流露，在日记中不吝词藻留下了对西湖美景的吟咏赞叹。一如他日常所记，今天校对哪些书、见了哪些人、做了哪些事等，乍看很是琐碎，细品则别有意味。在后申遗时代，西湖更应该走下神坛，融入大众生活，成为日常生活实实在在不可或缺的一部分，长驻在每个人心间。

---

① 〔清〕管庭芬《管庭芬日记》第二册，中华书局，2013年，第760页。

② 〔清〕管庭芬《管庭芬日记》第三册，中华书局，2013年，第1175页。

③ 〔清〕管庭芬《管庭芬日记》第四册，中华书局，2013年，第1402页。

④ 〔清〕管庭芬《管庭芬日记》第三册，中华书局，2013年，第1263页。

〔参 考 文 献〕

〔1〕〔清〕管庭芬：《管庭芬日记》（四册），中华书局2013年版。

〔2〕王国平主编：《杭州文献集成》第9册，杭州出版社2014年版。

〔3〕丰子恺：《缘缘堂续笔》，海豚出版社2014年版。

〔4〕李细珠：《乡村士绅在“近代”边缘的生活世界——嘉道咸同时期管庭芬日记解读》，《社会科学研究》2016年第3期。

〔5〕王屹峰：《古砖花供——六舟与19世纪的学术和艺术》，浙江人民出版社2017年版。

杭州西湖与威尼斯及潟湖的比较研究

陈亚娜

［摘　要］ 杭州西湖文化景观与威尼斯及潟湖都是世界文化遗产，两者的景观基础都在潟湖，城湖关系密不可分，但却由不同的文化土壤所孕育，各自成为东西方文化的突出代表。本文试图辨析两者在遗产特性上的异同，以此为基点，考察在保护和管理上各自的特点，思考西湖在未来遗产保护与管理中的启示。

［关键词］ 西湖；威尼斯；潟湖；文化景观；保护；管理

引　言

杭州是中国的历史文化名城，而杭州的历史风物都与西湖密不可分。“未能抛得杭州去，一半勾留是此湖。”地处江南水乡的西湖，是以湖泊为主体的文化景观，代表了典型的东方山水文明。而在遥远的欧洲，也有一处世界文化遗产以“水城”著称，那就是威尼斯及潟湖文化遗产。

威尼斯及潟湖位于亚得里亚海北端，威尼斯位于潟湖内，城内水道纵横，由118个小岛构成。威尼斯历史悠久，古迹众多，是世界著名的水城，在建筑、雕塑、绘画、歌剧等艺术领域具有重要地位。

威尼斯及潟湖遗产内容丰富，构成复杂。但是，威尼斯之所以能成为水城威尼斯，与她的潟湖的地质结构有很大的关系。威尼斯城的形成与整个遗产结构面貌的展现，都与其所处的潟湖有着密不可分的联系。

我们知道，西湖曾经是一个自然潟湖，她的景观就是以古潟湖、褶皱山的优美自然山水为载体，经历了千余年持续不断的水域疏浚工程和人工造景活动而逐步形成的。威尼斯及潟湖这一文化遗产与西湖一样，也是由潟湖为基底发展演变而来。两者的景观基础都在湖泊，城湖关系密不可分，但却由不同的文化土壤所孕育，经历了完全不同的发展历程，各自成为东西方文明中璀璨的明珠，把威尼斯及潟湖与西湖进行比较，有许多现实意义。

1　西湖文化景观与威尼斯及潟湖的共性

1.1 人与自然联合工程

两者都反映了人与自然互相作用的有机进化过程。

威尼斯之所以成为威尼斯，正是因为她是在潟湖环境中建造和发展起来的。她的建筑与周围的潟湖组成有机的景观。威尼斯和潟湖景观反映了人类在潟湖地区的建筑的高技术和创造性。在漫长的历史发展进程中，威尼斯人适应当地独特的潟湖地理环境，创造性地构建了“半湖”定居建筑，他们把艰难的生存环境转换为特有的景观元素，既依附自然环境，又使自然环境为己所用。进一步说，

〔作者简介〕 陈亚娜，杭州西湖博物馆陈列展览部，文博副研究馆员。研究方向：西湖学、世界遗产、博物馆学。

这种联合，并不是一成不变的，而是在不断的演变进化中。拥有得天独厚的地理位置，威尼斯充分利用了她优越的海洋和大陆的枢纽沟通地位，不断融合各地的灿烂文明，创造了辉煌夺目、独一无二的威尼斯文化。威尼斯和潟湖构成一个不可分割的整体，其中威尼斯是核心，其在建筑和艺术上的影响是不朽而巨大的，威尼斯及潟湖共同取得了举世无双的成就。

同样，西湖作为文化景观遗产，也是自然与人联合工程的典范，概括来说，历代的疏浚造就了西湖的景观格局，"西湖十景"集中体现中国景观设计的"点景题名"手法，投射了中国传统的山水美学，丰富的文化史迹吸附于景观之上，更是历经千年逐步充盈。

1.2 相辅相成的城湖关系

在景观构成中，虽然两者作为湖体有大小之别，湖的性质也有不同，在湖城关系上，都存在着相辅相成的关系。

威尼斯地处亚得里亚海的潟湖之中，威尼斯城为水包围，城湖关系极为紧密，湖造就了威尼斯，成全了威尼斯。威尼斯的水城景观，离不开孕育她的潟湖。

威尼斯水城的建筑和她的根基"水"水乳交融。没有潟湖就不能成就水城，不能体现其"半湖"的居住模式，不能展示针对这种特殊居住环境而创造的建筑群落，不能反映人为适应严酷自然环境所做的适应与改变。

"自从5世纪，威尼斯人为了逃避蛮族的掠夺，逃到托切罗、索罗和马拉莫科这些沙地岛屿上，她的自然和历史就紧密地联系在了一起。这些临时的定居点逐渐演变成永久居住区。"① 潟湖的独特地理位置，最初庇护了威尼斯人的祖先，在她发展的过程中，水陆交通枢纽又造就了威尼斯作为商业文化交流之地的繁荣。中世纪的地中海掌握着欧洲的经济命脉，"它是半野蛮的西方与文明策源地的东方的真正居间人；它是当时超过一切贸易的奢侈品贸易的天然通道"②。威尼斯地处亚得里亚海北岸，"地中海的全部商业活动东面通过威尼斯，西面通过热那亚、比萨汇流到伦巴第"③。"威尼斯地理位置保护了商业繁荣。"④

威尼斯交通和贸易枢纽地位的确立，使得当地富商云集，城市富庶，对于多种文化具有极大的包容性。许多有杰出造诣的艺术家也纷纷慕名来到威尼斯。当时名门贵族、富商巨贾们不惜巨资，雇佣了大量优秀的艺术家、建筑师建造了许多华丽的宫殿、雄伟的教堂，为威尼斯留下了宝贵的遗产，使得这里成为不同时代、不同风格建筑的云集之地。可以说威尼斯的水城景观，离不开潟湖为之创造的得天独厚的地理位置和环境。

反观杭州西湖，杭州城倚湖而建，因湖而兴，西湖也因历代政府不断疏浚治理而不湮废，湖与城唇齿相依。城市发展没有影响西湖景观完整性和真实性的保持。西湖有独特的"三面云山一面城"之空间特征："古都杭州，自公元591年建城以来，先置城垣东临盐桥河，西濒西湖，南达凤凰山，北抵钱塘门；继而东划胥山于城外，西包金山、万松岭于城中；经过历代持续发展，逐渐将西湖及周边山川纳入城市，在西湖区域修堤建桥、设庙布塔，形成'三面云山一面城'的城市文化景观和从城市西望，两山、三塔、三岛、十八桥的西湖美景。"⑤

---

① ICOMOS. Advisory Body Evaluation (Venice and its Lagoon) [EB/OL]. UNESCO , 1987: 1 [2015-11-27]. http://whc.unesco.org/archive/advisory_body_evaluation/394.pdf.

② 〔法〕P. 布瓦松纳：《中世纪欧洲生活和劳动》，潘源来译，商务印书馆，1985年，第179页。

③ 〔比〕亨利·皮雷纳：《中世纪的城市》，陈国梁译，商务印书馆，1985年，第57页。

④ 〔比〕亨利·皮雷纳：《中世纪的城市》，陈国梁译，商务印书馆，1985年，第58页。

⑤ 单霁翔：《走进文化景观遗产的世界》，天津大学出版社，2010年，第66页。

西湖曾经承担着杭州城饮用、灌溉、交通等重要实用功能，随着她逐步由实用价值向精神家园价值的转移，西湖的品格磁场发挥了强有力的作用，杭州城山水城市的文化品格离不开西湖的滋养孕育，现在，“西湖景观”又以其突出的文化、旅游与生态三项城市功能，平衡着城市化发展的压力，有效改善了杭州城市居民的人居环境，并为杭州建设成为最佳人居城市做出了显著的贡献，西湖已与城市建立了可持续的、唇齿相依的和谐关系。

西湖也是因为有了城市人口的治理才得以延续千年。西湖水域面积不大，比较容易出现淤塞，在西湖的历史上，不乏沉痛的记忆。由于某些当政者对西湖失治，任其淤塞葑积，西湖曾多次淤塞，濒于湮没。而历代有识之士对西湖的疏浚整治不仅使西湖成为历代杭城居民生产生活用水的稳定来源，而且使西湖不断美化，渐成著名风景游览胜地。对西湖的浚治，已成维系西湖的生命线。

可以说，杭州人和威尼斯人都比较成功地处理了城与湖的关系，找到了共荣共生的法则，使湖和城相映生辉。

1.3 分中有合、合中有分的景观格局

两者的景观格局中，水面都被景观元素进行了适当的分割，使得景观层次丰富，不再一览无余。威尼斯由118个小岛组成，170多条水道和400多座桥梁连成一体，是由潟湖中分布的众多岛屿形成的独特景观，本岛有水系进行分割，各个景观之间由富有建筑特色和文化内涵的桥进行沟通和连接。西湖由堤、岛等对湖面进行多重分割，形成了丰富的层次，其中又有桥、亭台楼阁等多样化的建筑构成多样的景观。在东西方不同的建筑景观特色中，我们又看到了其中的一些共同的东西：水系的分中有合、合中有分，通过桥等建筑进行勾连，使整个景观既有整体的完整性统一性，又在各自局部产生了丰富的变化。

1.4 威尼斯及潟湖成为“文化景观”的可能性

从某种意义上，两者都可以被列入“文化景观遗产”。西湖作为“文化景观遗产”于2011年被列入世界遗产名录。威尼斯与潟湖1987年被列入世界文化遗产，当时还没有出现“文化景观遗产”这一概念。这个概念的提出，是一直到1992年12月，在美国圣菲召开的第16届世界遗产委员会会议。至此，在《世界遗产公约》公布20年后，世界文化遗产体系中增加了“文化景观遗产”这一新的类型，隶属于文化遗产之下。

因为登录时间较概念的提出为早，威尼斯与潟湖仅仅作为文化遗产出现，但根据我们前文的分析，威尼斯与潟湖具有“人与自然联合工程”的特征，未尝不可以把她作为“文化景观遗产”来看待。

单霁翔在《走进文化景观遗产的世界》一书中，把文化景观分为八类。根据他的分类方式，威尼斯与潟湖比较符合城市类文化景观的特征。

“城市类文化景观，往往是经过几个世纪，甚至更长的历史时期发展变迁逐步形成的景观；往往是具有明显地域特征，为广大民众所熟悉的景观；往往是反映文化与自然和谐关系，具有重要美学价值的景观。

……千百年来人们在选择自然地貌进行城市规划建设时，就开始注意与自然的结合，将人居环境建设合理地组织到自然环境之中，为城市未来的发展奠定了良好的物质基础。

……自然景观和文化景观常被视为对立的两种景观类型，然而，在城市中文化景观作为叠加在自然景观之上的文化创造，自然景观与文化景观之间表现出更为密切的关系，成为文化景观的依托与载体。因此，准确的城市类文化景观就包括对其背景，即对所处自然景观和地理要素的观察与分析。”[①]

---

① 单霁翔：《走进文化景观遗产的世界》，天津大学出版社，2010年，第64、66、68页。

潟湖对威尼斯整个水上城市景观的形成，包括其临水建筑特色、海洋经济特色、多重文化交融地特色等的形成具有决定性作用，充分体现了自然环境与人为因素在威尼斯城市发展中的关键作用。威尼斯的水城特色，也十分契合《维也纳备忘录》提到的“历史城市景观”将环境条件与地形条件融合在一起，体现了与社会有关的经济和文化价值观。不可否认，威尼斯作为文化遗产登录世遗是当之无愧、理由充足的。但通过以上的分析，我们发现，她也符合文化景观遗产“设计的景观、有机演进的景观、关联性文化景观”的三大特征。

2 西湖文化景观与威尼斯及潟湖的不同

尽管有上述的共性，西湖文化景观与威尼斯的差别还是相当巨大的，两者是东西方两种完全不同的文明在不同时期和地理位置中产生的。本文主要从与湖相关的角度去进行对比。

2.1 地理环境对比

威尼斯城仍然处在潟湖中；西湖是曾经的潟湖，现在已经逐渐演化为淡水湖。

“意大利威尼斯潟湖位于亚得里亚海湾顶西岸，总面积 550km^2，是地中海沿岸最大的潟湖，其中陆地占 8%（包括威尼斯在内的岛屿 6.4%、堤岸 1.6%），水域占 92%（网状水道 11. 9%，盐沼、泥坪和浅水区 80.1%）。向海一侧有 46.8km 长的沙坝岛海岸，为夹于两侧大河河口岬角之间的向陆地凹入的浅弧形岸段，其中有三个口门与外海相通。有 1870 平方千米流域面积的几条河流注入潟湖（现已改道入海）。南侧与意大利最大的波河三角洲为邻。威尼斯及其他潟湖小岛多为潮汐与河流冲积加上人工填筑形成的低平小岛……”①

西湖曾经是潟湖，全新世晚期，距今约 4400 年至 2500 年前，西湖仍为一古海湾。随着时间的推移，钱塘江潮挟带的泥沙在古西湖海湾外大量堆积淤高，形成了“岩外沙坝”，海湾便成了潟湖。距今 2000 年左右，由于海平面进一步回落，杭州变为陆地，西湖成为真正的潟湖。西湖形成后，周围山区多条溪流把淡水和泥沙带入，一方面使西湖不断淡化成淡水湖，另一方面泥沙不断淤积使西湖沼泽化。自唐以来，历代劳动人民对西湖进行了多次疏浚治理，使西湖得以保存并逐渐形成今天之秀丽景致。现今的西湖是一个浅水湖，湖体轮廓近似椭圆形，面积 6.5 平方千米，被孤山、苏堤、白堤分割成外湖、北里湖、西里湖、岳湖、小南湖等多个水面。湖底较平坦，水深平均 2.5 米左右②。

2.2 潟湖演变对比

潟湖演变主要取决于从河流与海洋进入潟湖的泥沙量。如果潟湖泥沙为净收入，潟湖将逐渐淤浅而变成陆地；反之则会侵蚀加深而变成海湾。

在 14 世纪以前，威尼斯潟湖处于自然淤浅状态，历史上，当局也不断采取措施防止潟湖淤浅。“14—17 世纪期间先后将注入潟湖的几条河流改道从潟湖南侧和北侧入海。针对波河河口不断北移、三角洲淤涨威胁到潟湖南段的问题，1604 年开挖 7 千米运河使波河河口南移约 20 千米。针对有利可图的陆地围垦向潟湖区发展的问题，17 世纪初政府颁布法令规定潟湖边界，禁止任何危及潟湖自然平衡的开发活动，1610—1792 年间先后设立 102 个边界标志点。针对沙坝岛岸线脆弱（最窄处仅宽几十米）的问题，18 世纪下半叶全面修建了海堤。这些工程规模大，效益显著，使威尼斯潟湖成

---

① 张乔民、张叶春、王文介：《意大利威尼斯潟湖的环境演变与环境整治工程》，《海洋工程》1999 年第 1 期，第 72 页。

② 综合参考《杭州西湖博物馆陈列文本》“西湖形成及演变”部分。

功地避免了附近其他大多数海岸潟湖淤浅成沼泽地的命运。”[①] 但是，河流改道后，流入潟湖的河流泥沙变少，海洋里面的海沙也被口门导堤阻挡而难以进入，潮流作用反而使得潟湖里面的泥沙被带入海洋，同时，不断地疏浚和维护也使潟湖里面的泥沙减少。当进入潟湖的泥沙少于潟湖流失的泥沙时，潟湖演变趋势由自然淤浅转变为侵蚀加深。

威尼斯及潟湖经历从避免泥沙淤积沼泽化到避免侵蚀加深海湾化的过程。而西湖则是经过不断地人工疏浚才避免了沼泽化淤塞，时至今日，仍然要不断地疏浚和治理。

据史料记载，西湖自唐至清，历代都有疏浚。据现有资料看，主要工程有23项。时间间隔100年以上的3次，最长的168年；20年以下的7次，最短的8年[②]。解放后，西湖的疏浚也未停止，“1951年至1958年，西湖实施了有史以来清除淤泥量最多的一次疏浚。……721万立方米的淤泥被清除，湖水从0.55米加深到1.8米。……全湖的蓄水量也从疏浚前的300多万立方米增加到疏浚后的1018.8万立方米”[③]。1976年—1982年、1999年—2003年，西湖又先后进行过两次疏浚，疏浚后的西湖水体透明度为0.7米左右。

可见，西湖文化景观的形成非一朝一夕之功。作为自然形成的潟湖，若没有历代的人工疏浚治理，西湖恐早已湮没不存。同时，西湖的疏浚，成为西湖景观创造的一项创意活动，从唐白居易浚湖筑堤开始，到宋苏东坡浚湖筑苏堤、立三潭，到清阮元浚湖筑阮公墩等，以浚湖淤泥兴筑长堤、堆筑成岛、美化西湖景观，成为西湖景观设计发展历程中具有划时代意义的重要事件，也成为延续千年的传统，造就了西湖独具特色的两堤三岛景观格局。

从以上分析可知，西湖和威尼斯的潟湖代表了潟湖发展的两个不同方向。

2.3 遗产价值对比

威尼斯符合入选世界文化遗产的所有六条标准，此外，在目前所有的文化遗产中中国的莫高窟、泰山也同时符合所有六条标准（泰山是混合遗产，同时符合标准7）。西湖符合的是其中的三条标准（2、3、6）。

威尼斯的遗产价值非常丰富：

威尼斯具有独一无二的艺术成就。整个城市建筑在118个小岛上，似乎是漂浮在潟湖的水上的，她让人无法忘怀的无与伦比的美丽景观深深打动了卡纳莱托、特纳等许多画家。威尼斯也是世界杰出艺术的浓缩地：圣马可大教堂就是杰出代表。

威尼斯对建筑和纪念性艺术发展的影响是相当大的。得尔马提亚海沿岸西瑞共和国绝大多数的城市和口岸、小亚细亚、埃及、爱奥尼亚海、埃维厄岛（希腊东部）、伯罗奔尼撒半岛（希腊南部）、克里特、塞浦路斯，这些地方纪念性建筑的建造样式都是威尼斯式的。当威尼斯开始失去海上力量的时候，她开始用一种十分与众不同的方式施展她的影响，这多亏了她那些伟大的画家。贝尼尼、乔尔乔内、提香、丁托列托、维罗纳和波洛彻底改变了空间、光线和色彩的概念，由此在整个欧洲的绘画和装饰艺术中留下了深深的烙印。

作为与众不同的至今仍然展现着勃勃生机的遗迹，威尼斯就是她自己的历史见证。这位迷人的海洋女子联系着东方和西方、伊斯兰国家和基督教地区，穿越了过去岁月数以千计的纪念性建筑和遗迹，幸存至今。

威尼斯拥有一系列无与伦比的建筑，显示了共和国曾经的辉煌。从伟大的纪念性建筑如圣马可

---

① 张乔民、张叶春、王文介：《意大利威尼斯潟湖的环境演变与环境整治工程》，《海洋工程》1999年第1期，第72页。

② 数据资料来自杭州市园林文物管理局编《西湖风景园林四十年（1949—1989）》，上海科学技术出版社，1990年，第20—22页。

③ 张建庭：《碧波盈盈——杭州西湖水域的综合保护与整治》，杭州出版社，2003年，第57、65页。

广场到更现代的居所，威尼斯展示了中世纪建筑的完整类型，她的典范价值体现在她为了适应当地特色而进行调整的城市建筑特色。

在地中海地区，威尼斯潟湖代表了一种半湖居住地的杰出范例。这样的居住地随着不可避免的自然和气候的变化，已经变得非常脆弱。在这个紧密联系的生态系统中，泥质沙地（随潮水涨落时隐时现）和岛屿、湖边桩屋、渔村、稻田就如同广场和教堂一样都必须得到保护。

威尼斯代表了人们试图控制不友善的自然时所取得的胜利。这座城市也与人类历史有着直接和实实在在的联系。作为“海上女王”，威尼斯英勇地栖息在她的小小岛屿上，把她的视野远远地扩展到潟湖之外、亚得里亚海甚至是地中海之外。马可波罗就是从威尼斯开始出发前往中国、安南、印度和波斯。他在圣洛伦佐的墓地唤起人们对威尼斯商人在阿拉伯人之后、葡萄牙人之前发现世界中角色的记忆[①]。

根据联合国教科文组织的报告，西湖符合申遗标准的第 2、3、6 条标准[②]：

标准 2

西湖景观反映了从印度传入中国的佛教思想，它又对东亚的景观设计具有重要的影响。它的堤、岛、桥、寺、塔以及风格鲜明的景观在中国多处及日本都被效仿，尤其是北京颐和园。十景的概念在中国已流传 7 个世纪，并在 16 世纪朝鲜文人造访西湖后传到朝鲜半岛。

标准 3

西湖景观是体现唐宋时代演变而来的系列景观入画这一天人合一的特定文化传统的杰出见证，其关联性一直延续至今。西湖以及其背衬青山，怀抱堤、岛、桥、园、塔、寺的独特布局，可以被看作是反映这种传统的、具有突出代表性的实体。

标准 6

唐宋时期，设计完善景观并由画家为景观作画、由诗人为景观题名的这一彰显天人合一的文化在西湖景观及其岛、堤、寺、塔和特色植物上得到完美体现。西湖 7 个世纪以来秉承这一传统价值并把它传遍中国甚至日韩，这使其具有突出的重要性。

把两者的遗产价值进行对比，我们可以看到，威尼斯及其潟湖和西湖两者之间的差异是比较显著的。威尼斯潟湖面积较大，目前仍然是一个潟湖，毗邻海洋，使威尼斯具有典型的海洋地理特征。西湖曾经是潟湖，但经过了漫长的地质演变，已经变成淡水湖，湖水面积较小，与周围的山体共同组成西湖自然山水。威尼斯的遗产价值重在其融合了多种地域文化的建筑特色风格，这些建筑风格是多元、有机演进的，带有明显的海洋文明的烙印；潟湖是这一文明产生的地理背景。西湖的影响价值侧重在东方文化的天人合一理念，无论其题名景观还是各种造景风格都贯穿了东方特质。

2.4 小结

综上所述，我们可以看到，威尼斯潟湖与西湖从最初都为潟湖，逐渐发展衍变，前者转变为侵蚀加深，后者则逐渐变为淡水湖，并且依赖不断的人工疏浚得以保存至今，不仅在自然性状上，两者代表了潟湖发展的两个方向，在附着的文化因素上，两者也因为所处东西方位置的不同，孕育了差异显著的不同文明，前者是海洋文明的代表，而后者成为了东方士人的精神家园。但是，在城湖关系等方面，我们又看到了人类在景观设计审美上的相通之处，而在人与自然联合工程这里，两者殊途同归，都体现了人与自然的共同作用。

---

① 威尼斯及潟湖的遗产价值参考联合国教科文组织网站：http://whc.unesco.org/en/list/394。

② 参考杭州西湖世界文化遗产监测管理中心编写的《杭州西湖文化景观知识读本》，2011年，第 7—8页。

3 保护与管理比较

通过以上比较，我们发现，西湖文化景观与威尼斯及潟湖作为世界文化遗产，在某些方面具有共性，但也存在着明显差异，具有独特性。

基于两者的特点，两处遗产在保护和管理上也具有共性和差异性。

西湖作为历史悠久的文化名湖，能够传衍至今，与历朝历代的保护治理密不可分。解放后，特别是改革开放40年以来，西湖的保护和管理措施更完善。西湖风景名胜区管委会的成立，21世纪西湖综合保护工程的实施，西湖的保护与管理向纵深发展。2011年，西湖登录世界遗产名录，主管部门进一步完善法律法规，建设监测平台，成立杭州西湖世界文化遗产监测管理中心。西湖的保护和管理进入了更加体系化和科学化的时代。

意大利文化遗产较多，保护和管理的经验比较丰富，在长期实践中，形成了比较系统的具有自己特色的体系。基于此，在遗产保护和管理方面，威尼斯及潟湖的经验必然也有可取之处，可以为西湖今后的发展提供借鉴与参考。

因此，下文拟在以上比较分析的基础上，对两者保护与管理的主要措施进行梳理，考察两者在保护和管理上各自的特点，以期获得西湖在保护与管理上的启示。

3.1 两者的共性

3.1.1 以法律法规为保护和管理的准绳

意大利历史悠久，遗产丰富，是世界上拥有文化遗产最多的国家。从20世纪初开始，意大利的文化遗产保护法体系就开始逐步建立和完善，在长期的探索和实践中，意大利已经形成了具有独创性、系统性、先进性的法律法规体系，在国际上具有示范效应。应该说，完善的法律法规是意大利文化遗产得以长久保存的重要原因。

意大利在各个历史时期制定了详细的法律来保护遗产，如《文化遗产保护法》《保护自然古迹法》等。“1999年，议会将以往众多法律中包含保护文化遗产及环境遗产的立法条文进行归纳调整，颁布实施《联合法》……2004年，《文化和景观遗产规范》取代《联合法》，成为截至2008年意大利文化遗产保护的核心法律。该规范将可移动与不可移动文物、景观和自然环境、考古区均纳入一个专门的保护框架，统称为‘文化遗产’。”[①]2006年，意大利还特别颁布了当年的第77号法令，用于保护遗产名录上的意大利遗产。

除以上全国范围内的法律外，威尼斯及潟湖也有相应的特定法令和专门的保护管理方案，如1963年第366号法令《关于威尼斯和马拉诺潟湖的新规则》，对于保护潟湖的水质和防治水污染等有了明确的规定；1973年第171号法令《威尼斯特别法案》颁布，目标在于保护威尼斯及潟湖的景观、历史、考古和艺术遗产；1984年第798号法令《威尼斯保护新的干预措施》和1992年第139号法令《威尼斯及潟湖保护干预措施》的颁布，为威尼斯及潟湖的保护管理制定了更加细致的措施；《威尼斯及潟湖2012—2018管理方案》为威尼斯的保护和管理制定了阶段性目标，并且提出了实施建议、完成时限、责任主体、资金等非常详细的规划[②]。

我国有着悠久的历史文明，也是文化遗产大国，但是，因为历史原因，我国的文化遗产保护立

① 何洁玉、常春颜、唐小涛：《意大利文化遗产保护概述》，《中南林业科技大学学报（社会科学版）》2011年第5期，第150—151页。

② The Department of Territorial Development of the Municipality of Venice. State of Conservation Report by the State Party（Venice and its Lagoon）[EB/OL]. UNESCO，2014：598-599 [2015-11-27]. http：//whc.unesco.org/document/127117.（综合参考）

法工作起步较晚，新中国成立后，遗产保护立法工作才逐步提上议事日程。改革开放后，我国的遗产保护开始走上更为规范的法制化轨道。

西湖文化景观保护和管理的法律依据，从宏观上看，有国家和省的一些法律法规，如2002年修订的《中华人民共和国文物保护法》、2006年的《世界文化遗产保护管理办法》、1996年的《浙江省风景名胜区管理条例》等；具体到特别针对西湖的地方性法规，有2004年修订的《杭州西湖风景名胜区管理条例》和《杭州市西湖水域保护管理条例》，2012年1月1日正式实施的《杭州西湖文化景观保护管理条例》等，这些都为西湖文化景观的保护管理提供了可靠的法治保障。同时，制定和执行《杭州西湖文化景观保护管理规划纲要（2008—2020年）》为系统开展符合世界文化遗产保护标准的杭州西湖文化景观保护和管理工作、实施保护措施提供科学依据[①]。

由此可见，两处遗产地都十分重视法律法规的建设，以此作为保护和管理的科学依据。

3.1.2 对遗产格局的整体保护

威尼斯及潟湖是作为一个整体登录世界遗产名录的。威尼斯城市与潟湖相辅相成，城市建筑、景观格局和城湖关系构成了威尼斯及潟湖的遗产区整体风貌。对此处遗产的保护与管理，不仅仅局限在个别建筑的保护，更重要的是对整个遗产区格局和特色的保护。为此，当局也做了不懈的努力。第一，威尼斯面临的最大威胁便是海水入侵，历年来，政府进行了加固海岸线、城市防洪工程等多项举措，著名的“摩西计划”是其中之一。第二，维护整个潟湖地区的生态环境是整体保护的重要组成部分，为了维护潟湖的环境和生态系统的平衡，政府利用原来疏浚的泥沙重建盐滩和泥沼、移植海草、恢复潟湖生境、净化海水水质、修建鱼类养殖场、修复和加固湖中的一些岛屿等。第三，威尼斯十分注重维护遗产的识别特征，贡多拉交通等“水城”特色一直得到维持，城市的天际线也保持得比较好。

同样的，西湖文化景观也不是一处单一的景观，她包含着西湖自然山水、两堤三岛景观格局、西湖十景题名景观、西湖文化史迹和特色植物以及三面云山一面城的城湖空间特色，是一个由自然景观和文化遗迹构成的综合的“景观场”，因此在遗产的保护和管理中，这一西湖整体意境的保持非常重要。为此，除对具体特定景点的保护外，相关部门还采取积极措施进行西湖水生态的保护，完成了西湖疏浚工程、引配水工程和截污纳管工程；实施西湖西进，打造湿地系统，净化西湖补水水源；实施西湖生态恢复与水环境改善工程。这些措施有效改善了西湖的水生态，形成良性循环的西湖水生态链，提升西湖生态景观效果。在保护城湖空间关系上，严格控制西湖周边山麓的建筑形制，严禁建筑露出山体轮廓线，以防破坏自然山体风貌；控制城东建筑高度及容量，确保“三面云山一面城”城湖空间特征的原真性及完整性；建立严格的审批和监督机制，用刚性制度规范管理；制定湖东城市景观控制专项规划，将城湖空间保护管理措施纳入《杭州市城市总体规划》。

3.1.3 公众参与

意大利是遗产大国，保护遗产的公民教育从小抓起，因此，保护遗产已经成为意大利公民的共识，是公民道德的基本守则之一。意大利民间成立了多种多样的社团机构进行文化遗产的保护，比如“我们的意大利”、意大利古宅协会、意大利古环境协会、意大利艺术品自愿保护者联合会等，聘请拥有专业背景如大学教授、著名建筑师等作为特殊的文物监督人，为政府提供咨询等服务。同时，当局也十分重视把遗产保护成果与公民共享。政府投入了极大的热情利用遗产来开展教育活动，降低门票费用，开放文化场所，开展艺术和历史的义务教育。威尼斯作为意大利的遗产重镇，公民教育

① 综合参考中华人民共和国国家文物局《杭州西湖文化景观申遗文本》，2011年，第348—359页。

中对遗产教育的重视程度也不例外。在威尼斯各处历史遗址和建筑中，常常可以看到学校组织学生在参观、写生等。《威尼斯及潟湖 2012—2018 管理方案》中便有专门的在学校和公民教育中普及潟湖环境保护教育的条目，深入人心的公民教育使得几乎全民都成为文化遗产的守护者，而政府也不吝把保护成果与民共享，这种全民动员的方式为威尼斯及潟湖提供了良好的保护。

杭州西湖文化景观环湖公园和博物馆都实行免费开放，实现了遗产资源与公众共享；通过扶植景区内特色产业、整治景中村等举措实现与遗产区居民的利益共享；对景区内的建设项目，实行项目公示机制，立项前公示、实施方案公展，合理采纳市民意见，组织遗产影响评估，并实行专家咨询论证制度。

建立杭州西湖博物馆，用实物和史料印证西湖的普遍价值，对公众进行遗产教育，倡导公众参与遗产保护。在青少年中实施“第二课堂”活动，鼓励孩子们走进博物馆等地，实现文化遗产知识的公民教育。

成立杭州西湖志愿者服务总队，主要吸纳景区青年、高校学生及社会上关心西湖保护事业的热心人士，参与西湖文化活动、微笑亭服务等，让公众增加西湖保护的参与度。创立“西湖文化特使”团队，参与杭州西湖文化传播，并积极实践西湖世界遗产保护工作，旨在使杭州西湖遗产保护工作的公众参与度更加延展和深入。

应该说，近几年来，在公众参与中，杭州西湖文化景观也在不断尝试吸引更多的大众更深入地参与到遗产价值的传播和遗产的保护当中来。

3.2 两者的差异

3.2.1 管理体系的不同

作为分属东西方文化大国的两处文化遗产，西湖和威尼斯及潟湖在管理体系上体现了各自国家的特点。两者都有政府管理机构，但还是有明显不同。

在威尼斯及潟湖的管理中，国家对整个遗产地实行立法保护，由国家、地区和地方协同管理，具体负责执行管理的是由 21 个实体组成的管理委员会，包括维尼托文化遗产和景观地方委员会、威尼斯潟湖景观遗产和建筑监督委员会、维尼托考古遗产监督局、威尼斯水务局、威尼斯港务局等，每个实体都有代表参加委员会定期会议。

杭州西湖建立了杭州西湖风景名胜区管委会，作为市政府的派出机构，在其所管辖的区域内实施统一管理，履行西湖风景名胜区保护、利用、规划、建设的职能，从根本上理顺了西湖保护管理体制；在整个风景名胜区范围内，又按区域分设管理处，对整个遗产地实行网格化细致管理，使西湖文化景观的每一寸地面、每一个时点都处在严密、有效的管理之下，真正做到网格管理、定格管理、严格管理；这样细致的管理在其他湖泊类文化遗产中尚没有见到。

成立杭州西湖世界文化遗产监测管理中心，协调开展西湖世界文化遗产的监测工作，建设和实施西湖文化景观遗产的监测和预警体系，建立遗产区的档案库和数据库，通过信息平台有效整合西湖文化景观区域内由各部门分散建立的各类监管资源，建成了全面覆盖西湖遗产本体、环境、游客和安全信息的实时监测管理系统。配合做好世界遗产中心对遗产地的复查等工作，开展世界文化遗产保护管理的科学研究和宣传教育。

总体来说，威尼斯及潟湖管理机构类似一个联合委员会性质，由威尼斯市政府协调工作，而西湖文化景观的管理机构为西湖风景名胜区管理委员会，是代表市政府在管辖区域内实施统一领导、统一管理，全面负责西湖风景名胜区的保护、利用、规划和建设的市政府派出机构，应该说，西湖文化景观遗产的保护管理是相对比较高效的。

3.2.2 资金来源差异

两处文化遗产处于不同国家，在财政支持上，有着比较明显的差异性。

意大利处于欧洲艺术的中心，遗产保护经验丰富，长期以来的实践形成了多样的资金来源。具体到威尼斯及澙湖的保护和管理的资金来源，主要有几个途径：1. 政府财政，包括中央政府的拨款和地区政府的拨款；2. 企业和私人捐助和专门的文物保护基金；3. 发行文物彩票；4. 用出租广告位等方式募集的资金；5. 联合国教科文组织和欧盟的援助等。多样化的资金渠道一方面保证了文化遗产保护和管理能有充分的资金，减轻了政府的压力，另一方面，公众资金的投入也促使了公民参与到文化遗产的保护中来，增加了公众的保护意识和主体意识。

杭州西湖文化景观保护管理的资金主要来自中央及地方各级财政拨款。市政府制定了《西湖综合保护工程专项资金计划》《杭州市历史文化名城专项资金计划》《杭州市城区绿化建设专项资金计划》《杭州市旅游西进专项资金计划》等，保证西湖文化景观的保护管理没有明显的资金缺口。此外，还有大约五分之一的资金来自管理机构的自筹资金，包括门票收入等①。

综上，威尼斯及澙湖的保护管理资金构成中，政府财政拨款虽然也占重要比例，但民间资金成为有效的资金渠道，而在西湖保护管理中，因体制等种种制约，对社会资金的吸纳尚没有有效运营，财政经费仍然主要来自政府拨款。

3.2.3 遗产监测内容有差异

威尼斯及澙湖除做好历史建筑等人文景观的保护外，因景区面临海水入侵的威胁，管理部门对遗产地的监测主要从污染、海浪运动、海浪侵蚀、水力和涨潮风险、人口流失、非法捕鱼、游客量压力等方面开展，对每一监测内容都确定责任部门，明确监测周期和预期的监测管理效果等。监测工作开展的原则是有效性和合理的效能，着力用合理的付出，在科学的基础上，获得能够显示遗产发展趋势的数据。用监测获得的资料，为威尼斯及澙湖的管理提供科学依据，为采取适当的保护与管理措施奠定基础。

西湖文化景观的构成要素众多，涉及建筑、植物、水体等多个方面，几乎涵盖文物和园林的各个领域，而且这些要素分布范围很广，相互协同，关系错综，这使得西湖的监测和管理内容十分复杂。为此，西湖的遗产管理部门初步构建了遗产预警监测系统，对遗产要素本体和环境、遗产保护压力、遗产管理保障体系等进行全面监测，将遗产构成进行“遗产区—遗产点—院落—建构(筑)物—组件—构件”的层级细分，从遗产价值出发，明确监测对象，确定监测等级，对遗产的监测指标、方式和周期都有了明确规定，确定预警值，建立动态的监测工作流程，形成预警机制。

3.3 共同面临的挑战：游客管理

作为世界著名的旅游胜地，威尼斯每年的游客量非常之大，“根据统计……每年高达 2500 万人”②。威尼斯有比较便捷的旅游基础设施，但巨大的游客量仍然会影响旅游体验，当地居民也必须忍受发达的旅游业所带来的生活不便，这使得不少居民离城退避，当地居民人口逐年下降。尽管威尼斯曾经试图用限制一日游游客等方式控制游客量，但是基于人权等的考虑并没有真正实施。作为一个开放敞开的空间，游客量的控制一直是威尼斯面临的一大考验。近年来，威尼斯积极兴建游客中心，利用现代化的媒介来宣传旅游秩序，提前发布旅游信息供游客参考安排行程线路等，并且改变了限

① 综合参考中华人民共和国国家文物局《杭州西湖文化景观申遗文本》，2011年，第 370页。

② 孔庆玲：《威尼斯旅游季人满为患 官员建议对游客收入场费》，中国新闻网，2014（2014-08-15）[2015-11-27].http：//www.chinanews.com/gj/2014/08-15/6497916.shtml。

制游客数量这种单一的、略显粗暴的模式，改为更加温和的游客疏导方式来分散人流，积极推出新举措，推广新的旅游模式，在潟湖地区建立更便捷的旅游服务设施，推出骑行、渔猎、独木舟等与自然结合更紧密的活动和食物与美酒之旅等，把人流疏散到威尼斯本岛以外更宽广的潟湖其他区域，试图改变游客过于集中在威尼斯本岛的局面。

西湖自古以来都是备受青睐的风景名胜，登录世界遗产名录后，西湖受到了更多人的瞩目，G20峰会的召开，使得西湖的国际知名度进一步提升，国内外游客纷至沓来。

游客为当地经济发展做出了重要贡献，但是，密集的人流对遗产地的保护和管理也造成了巨大的压力，同时，也会影响游客本身的旅游体验。西湖与威尼斯一样面临着游客量过于密集的困境。针对西湖游客过于集中的现状，管理部门也出台了一些政策，比如2015年国庆期间，断桥就采取了分流措施；景区在旺季采取限行和单循环措施等，在一定程度上缓解了景区接待压力。但面对严峻的游客压力，仍然期待更加有效的游客引导方式。

4 启 示

可以认为，西湖是山水文化名湖，威尼斯及其潟湖可归于城市湖泊建筑群落。前者有重要的自然要素，但自然景观本身尚不能达到自然遗产标准，重点在于人与自然的互动创造的景观。在威尼斯及其潟湖景观中，建筑人工创造的痕迹更浓烈些，但也有人与自然互动的典型因素在。

通过比较杭州西湖文化景观与威尼斯及潟湖在景观本身与保护管理中的共性与个性，我们有以下几点启示：

4.1 文化遗产的生境保护需持之以恒

西湖和威尼斯潟湖虽然代表了潟湖发展的两个不同方向，但却都面临着生境变化的威胁。千百年来，历朝历代的人都是通过不懈的努力，才使得两处文化景观的面貌得以延续。这些努力凝聚着数代人的智慧和毅力、勇气和决心，如果不是这样，恐怕两处景观都已不存。时至今日，虽然对于文化遗产的保护已经获得越来越多的关注，取得了越来越多的共识，但是仍然不允许我们稍有懈怠，对遗产保护要时刻具有紧迫感和危机感，面对随时会出现的新问题，也要像智慧的前人一样创造性地开拓思路，履行好历史赋予我们的使命，为历史、为现在、为未来守护好我们的文化遗产。

4.2 扬长避短，增益不能

威尼斯及潟湖历史悠久，地处世界文化遗产最为丰富的意大利，成为世界文化遗产的时间也较早，因此，有比较完善的法律法规体系、公众服务体系和多样化的资金渠道，但也有其不足之处。通过比较，我们发现，相对来说，威尼斯及潟湖的管理委员会需要经过多家实体机构的协调会商，这些实体机构性质又比较多样，有政府管理部门，也有社会团体等，因为有不同的立场，有可能会引起需要多轮协商和讨论，导致管理过程延长。西湖风景名胜区管委会在景区内实行统一管理，减少内耗的时间和精力，目标明确而统一，相对来说，保护和管理是较为高效的。因此，我们要拥有充分的自信，进一步发挥我们的管理优势，吸纳他国的优点为我所用。

4.3 遗产保护经费的开源

威尼斯及潟湖地处意大利，作为文物古迹众多、各项文保措施相对完善的国家，意大利遗产保护与管理的资金渠道还是比较多样的。正如前文讲到的，有国际组织筹款、国家拨款、社会团体筹款、企业和个人捐赠、文物彩票发行、古建筑领养人制度等多种渠道。“在意大利，约65%世界文化遗产保护资金来自财政拨款，35%左右的资金来自发行彩票、社会捐赠等多种途径。按照1996年意大利立法规定，遗产彩票收入的8‰要反哺遗产保护。”① 此外，政府也对参与文物保护捐赠的私人和企业给了一定的优惠措施，比如2000年颁布的“《资助文化产业优惠法》规定企业投入文化资源产业的资金一律不计入企业应缴税款的收入基数，即企业可以不为那部分资金纳税。2004年，意大利颁布《文化遗产与景观法典》，……该法……通过取消文化遗产继承税，免除文物修复材料增值税，对文化遗产工程赞助者给予税收优惠等政策”②。虽然这些举措不少需要在国家层面制定政策，但是有一些具体方式仍然可以借鉴。比如文物领养人制度，对景区内的文保点等可以开展认保、认捐等活动，拓展经费来源，一方面，改变传统依赖政府拨款的单一经费渠道，减轻政府负担，另一方面，通过吸纳公众资金，增加公众对遗产保护的关注，增强公众文物保护的意识，加强公众文物保护的参与度，也可以更好地实行资金运用的公众监督。

4.4 游客量管理

西湖作为中国的著风景名胜区一直以来深受国内游客的青睐。登录世遗和G20杭州峰会后，其国际知名度和影响力进一步增加，国外游客数量也逐步攀升。客观地说，西湖景区已经采取了一定手段进行客流量控制。如在景区安装客流量实时监测系统，为采取限流等措施提供数据，便于游客查询并合理安排出行时间和路线；在景区旺季实施单双号限行；南线实施逆时针单向大循环、北线采用单行线公交快速专用道等。近些年来，杭州又推行全域旅游来分散西湖景区的游客压力，把游客引导向运河、西溪和周边的建德、千岛湖、桐庐等地，在一定程度上分担了西湖的客流压力，但在旅游旺季和长假期间，西湖的游客接待量仍然很大，2017年国庆长假期间，“西湖景区共接待游客456.43万人次”③。而且，游客仍然比较集中在湖滨公园、苏堤、白堤和三潭印月、灵隐等热门景点。这必然极大影响游客的舒适度，也给交通带来非常大的压力。

水城威尼斯是没有汽车的，城区内的交通工具为水上巴士、水上计程车（快艇）和著名的贡多拉，没有私人交通工具，全部为公共交通。而且乘坐水上巴士可以买专门为游客准备的交通卡，类似包时使用，游客可以在规定时间内无限次乘坐水上公共巴士。交通卡可以在威尼斯火车站销售点内购买，也可以在各大码头的自动售票机上购买，十分方便。另外，威尼斯还推出了限时使用的蓝卡和橙卡，蓝卡能在威尼斯市内无限制搭乘水上巴士和机场巴士，也可以免费使用市内公厕（威尼斯的市内公厕收费不菲），橙卡除蓝卡的福利外，还包括参观威尼斯所有博物馆。

景区内全公交的实行，缓解了城内的交通压力，使得交通管理更高效而有序；便捷而多样的水上交通工具，提供给游客不同经济层次的选择；交通和博物馆联票的发行，引导游客参观威尼斯各个博物馆，既实现了建造博物馆的价值，也实现了游客的分流。

参考威尼斯及潟湖游客疏导经验，西湖可以考虑采取适当措施：

西湖作为城市中的景观，与被潟湖围裹的威尼斯城在交通设置上，当然是有不同的。目前，西湖景区道路受环境制约，无法拓宽，而这并不宽敞的道路不仅是旅游通道，也是市民的交通通道。因此，特别在旅游旺季，常常造成交通的拥挤和混乱，既不利于景区管理，也不便于市民出行。通往景区的公共交通并不完善，不少公交车只是过境景区，路线很长，车上人员拥挤，而真正环景区的公共巴士不多，间隔时间又较长。景区内有环湖电动车，但数量也不多，仅能提供少量游客选择，

① 张国超、唐培：《我国世界文化遗产保护经费投入机制研究》，《中国文化产业评论》2016年第1期，第98页。

② 张国超：《意大利公众参与文化遗产保护的经验与启示》，《中国文物科学研究》2013年第1期，第44页。

③ 陈瑜艳．“十一”黄金周杭州西湖景区共接待游客456.43万人次[N/OL]. 央广网，（2017-10-11）[2018-07-03].http://news.cnr.cn/native/city/20171011/t20171011_523982316.shtml.

而且仅限环西湖区域，仍有许多景区内的景点无法抵达；公共自行车在景区内的供应也远远没有满足需求。游客换乘中心少且不便，普及度低。

参考威尼斯及潟湖的经验，第一，考虑建立景区公共交通圈，与市区交通分流，进入景区实行换乘，景区内实现电瓶车、自行车等环保公共交通，提高景区道路通行率；第二，如果第一条建议难以近期内实施，希望相关部门能加强景区外围道路建设，减少西湖的过境车辆，这样既能缓解交通压力，也有利于西湖的环境保护；第三，增加景区公共交通工具的供应量；第四，对于在景区内采用公共交通出行的市民和游客给予必要的优惠政策，比如免费换乘等。

除交通方式上对客流量的调整和控制外，威尼斯还通过开发一些在广阔潟湖上的活动项目，如地中海野营，玻璃岛、彩色岛、丽都岛等非主岛参观等，来引导和疏散游客。西湖可以参考威尼斯的引流措施，改变游客过于集中于某几个热门景点的现状，比如，推广西湖的西线游，如茅乡风情生态游、龙井茶文化游等，把游客从人流密集的南线、北线向环境清幽的西线引导。

威尼斯不仅是一座水城，更是艺术之城，城内有众多的人文建筑、博物馆、纪念馆等，景区通过与交通票联动等方式，来推动游客参观。西湖作为文化景观遗产，其重要的遗产价值有一部分就体现在丰富的人文内涵上。景区内有众多的博物馆、美术馆、名人纪念馆、故居等，是了解西湖和杭州文化的有益补充，虽然都为免费参观，无法像威尼斯一样推行优惠联票制度，但文博系统可以加强宣传推广，增加展览和活动的吸引力，如珍珠一般串联成线，成为游客无法割舍的旅游选择。

西湖景区客流还存在一定的季节不平衡性，春秋两季和长假客流量集中，冬季人流回落。威尼斯在寒冷的冬去春来之季会举办著名的狂欢节活动，节日起源于欧洲古代的神农节，大约会延续半个月的时间，是当今世界上历史最久规模最大的狂欢节之一，吸引全球各地游客在这一时间慕名前来，改善了威尼斯游客量的季节不平衡性。西湖的历史悠久，人文底蕴深厚，也有许多的传统可以挖掘，如果能在淡季时推出一些大型节俗活动，成为西湖的经典文化项目，也可以在一定程度上改善其客流的季节不平衡性。

结　语

威尼斯“因水而生，因水而美，因水而兴”，享有“水城”美誉，被称作“亚得里亚海明珠”。潟湖孕育了独特的威尼斯文明，造就了威尼斯及潟湖这一享誉世界的文化遗产。西湖是杭州的根、杭州的魂，三面云山一面城的杭州，正因有了从潟湖走来的西湖，才成为今日的历史文化名城。两个湖，两座城，两处世界文化遗产，在近似的起点上，东西方文明的土壤中产生了不同的景观，差异中蕴含共性，相似中也有个性。在比较中，我们对两者有了更深入的思考和更深刻的认识，放眼世界，立足自身，未来的西湖发展之路必将有更广阔的视野。

刍议南宋初年祭器

王　敏

［摘　要］文章进一步梳理有关绍兴十三年南郊祭祀事件的历史文献，探索宋高宗“以陶木代铜玉”的历史背景和缘由，并试议“以陶木代铜玉”的合“礼”性。

［关键词］绍兴十三年；南郊祭祀；陶木礼器；宋高宗

据《中兴礼书》记载，从绍兴元年（1131）到绍兴十九年（1149）间，前后有余姚、平江、临安三个窑场为宫廷制造陶瓷祭器，可见，在南宋初期皇家祭祀中，陶瓷礼器扮演着重要的角色。为什么会形成这种反传统金属器、漆器、玉器为主的现象呢？

绍兴十三年（1143）在南宋历史上是一个重要的拐点，宋王朝由战走向和，由乱走向治。笔者欲在前人研究的基础之上，进一步梳理有关绍兴十三年南郊祭祀事件的历史文献，探索宋高宗“以陶木代铜玉”的历史背景和缘由，并试议“以陶木代铜玉”的合“礼”性。

一、绍兴十三年南郊祭礼在《咸淳临安志》中的记载

国家大事，在祀与戎，尽管宋朝始终面临强敌环伺，但宋朝皇帝依然热衷于祭祀，“祖宗以来，每岁大、中、小祀百有余所，罔敢废阙”[①]。在众多祭礼中最隆重的祭祀典礼要数皇帝亲行的冬至南郊圆丘祭天之礼。唐代天宝年以后，三岁一郊，北宋沿袭这一惯例[②]。但是，靖康之变后，大规模的南郊祭祀中断，直到绍兴十三年（1143），宋高宗即位的第十八年，南宋朝廷才在都城临安正式举行南郊祭礼[③]，《咸淳临安志》详细记录了这次典礼的盛况：

> 是年（注：绍兴十三年）六月降，诏曰：朕嗣膺历服，越在东南，念初载于维扬，尝肇禋于泰时。深惟累圣之成宪，必遵三岁之亲祠。四涓路寝之筵，久旷圆坛之礼。今日上穹垂祐，边境休兵，寇盗弭宁，民俗康阜。日致慈宁之孝，岁收高廪之丰。格此多祥，敢忘大报。见祖祢于诸室，合丘泽之一祠。嘉与臣工，共图熙事。朕以今年冬至日有事于南郊……始用元祐郊礼，合祭天地，设大神大示及太祖皇帝、太宗皇帝配位，并从祀诸神，凡七百七十有一，设祭器九千二百有五，卤簿万二千二百有二十二人，祭器应用铜玉者，

〔作者简介〕王敏，硕士，任职于杭州南宋官窑博物馆，从事藏品管理兼古陶瓷研究工作。

① 《宋史》卷九十八《礼一》，中华书局，1977年。以下版本同。

② 根据郝宇变《北宋宗庙祭祀制度研究》统计，建国伊始，宋太祖于乾德元年（963）举行首次冬至南郊祭天大礼，历北宋九朝皇帝，共举行37次郊礼。

③ 《宋史》卷三十《高宗本纪七》载：“绍兴十三年十一月庚申，日南至，合祀天地于圆丘，太祖、太宗并配，大赦。”

权以陶木，卤簿应用文绣者，皆以缬代之。[①]

笔者注意到一个细节，这次典礼使用的祭器“应用铜玉者，权以陶木”“应用文绣者，皆以缬代之”，可见，当时南宋朝廷财政之拮据。然而，用“陶木”代替“铜玉”是否仅仅因为南宋财政紧张？这场祭祀花费几何？宋高宗为何要在此时举办这场大规模祭祀？笔者就这些问题做了一些思考。

二、绍兴十三年南郊祭祀的背景——南宋朝廷财政不充裕

宋高宗受命于危难之间，仓促即位。随后一路南奔。

（建炎元年）五月，王即位于南都。六月，李伯纪入相，奉銮舆狩襄、邓。八月，伯纪去位。十月，上遂幸维扬。时黄懋和、汪廷俊为政也。三年二月，粘罕遣五千骑犯扬州，上幸杭州驻跸。三月，苗傅、刘正彦谋逆，以上为睿圣仁孝皇帝，居别宫。四月，傅等败，上进幸江宁。冬，兀术入寇，上用吕元直议，自明州幸海。四年春，始还越州，时范觉民为相也。觉民罢。绍兴二年正月，以漕运不继，复移临安。冬，兀术入寇。赵元镇、张德远共事，上幸平江。时朱藏一首建避狄之议，元镇辟之，朱由此罢相。明年虏退，上复还临安。六年秋，刘豫入寇，上进幸平江。七年春，元镇罢，德远独相，乃有建康之幸。秋，郦琼叛，德远罢，元镇复相。八年二月，复奉上还临安。其冬，元镇罢，秦会之独相，自此不复迁都矣。[②]

寥寥数语勾勒出高宗逃难时的狼狈。自建炎元年至绍兴八年定都临安，十年光阴都在漂泊之中。外有金兵压境，内有苗傅、刘豫作乱，在朝廷稳定下来之前，祭祀等一切无关军事、民生的事情均从简。史书记载，绍兴八年（1138）之前，宋高宗只有在扬州于建炎二年（1128）举行过一次南郊祭礼，当时北宋的祭祀礼乐之器已被金兵在靖康之变中一扫而空，所剩无几[③]。高宗南下“庶事草创”，只好“诏东京所属官吏奉祭器、大乐、仪仗、法物赴行在所”[④]。无奈这些劫余之物已非精品，可依然在高宗离开扬州，再次逃难时损失殆尽。

在此后相当长的一段时间里，宋高宗没有精力举行冬至圆丘南郊祭祀。一来北宋朝廷的家底早已被金人洗劫一空，礼器尽毁；二来南宋战事频繁，耗费巨大，与此同时，社会经济萎靡，民生凋敝，宋高宗不得不经常减免赋税以稳定民心，可谓“损有余而补不足”。因此，在建炎四年，韩肖胄建议在“国用未充”的情况下“相度裁定，省樊就简”地恢复诸神之祀[⑤]时，宋高宗原则上议定出四时祀神的办法，但实际并未全部执行，遑论规模巨大的南郊之礼。

---

① 《咸淳临安志》卷三《郊庙》。

② 〔宋〕李心传:《建炎以来朝野杂记》卷五《朝事一·中兴定都本末》，中华书局，2000年，第119页。

③ 《宋史》卷二十三《钦宗本纪》载：“（靖康二年）夏四月庚申朔，大风吹石折木。金人以帝及皇后、皇太子北归。凡法驾、卤簿，皇后以下车辂、卤簿、冠服、礼器、法物、大乐、教坊乐器、祭器、八宝、九鼎、圭璧、浑天仪、铜人、刻漏、古器、景灵宫供器、太清楼秘阁三馆书、天下州府图及官吏、内人、内侍、技艺、工匠、娼优、府库畜积，为之一空。”《宋史》，第436页。

④ 《宋史》卷九十九《礼二·南郊》，第2434页。

⑤ 《宋史》卷九十八《礼一》载：建炎四年十一月，权工部尚书韩肖胄言：“自车驾巡幸，惟存宗庙之祭，至天地诸神之祀，则废而不举。今国步尚艰，天未悔祸，正宜斋明恭肃，通于神明，而忽大事、弃重礼，恐非所以消弭天灾，导迎景贶。虽小祀未可遍举，如天地、五帝、日月星辰、社稷，欲诏有司以时举行。所有器服并牲牢礼料，恐国用未充，难如旧制，乞下太常寺相度裁定，省繁就简，庶几神不乏祀，仰副陛下昭事怀柔、为民求福之意。”《宋史》，第2426页。

但是，当秦桧主政，定都临安之后，一切都悄然发生着变化。虽然战事仍在持续，但是主和渐占上风；虽然社会依然动荡，但是民生已在恢复。大量南迁之人给南方经济注入了新的活力，当政局稍稍平稳后，市场和贸易又开始活跃起来。尽管此时和北宋时期不可比肩，但已不复南宋初年时的惨象。绍兴十二年（1142），宋金划界休兵，达成和议。兵事既然告一段落，祭祀又被提上日程。和建炎二年仓促成礼不同的是，宋高宗需要一场隆重的祭祀来告慰祖宗和天地，宣示来之不易的和平与胜利，确立自己的正统地位与宋朝国祚之延续。于是，绍兴十三年的那场南郊祭礼顺理成章地发生了。

尽管战争已经偃旗息鼓，南宋朝廷"与民休息"，但这时宋金和议才过去一年时间，百废待兴，诸事繁杂，国家机构尚在筹建，根本没有足够的时间和财力铸造礼器，所以，当礼官提出祭典需用铜器九千多件时，皇帝裁决只由平江府烧造约二百余件陶礼器应付；铜器只有爵 ，由建康府铸造；竹木祭器由临安府制造（其后又增加了铜鼎、玉圭等，由文思院制造）[①]。史载这次典礼花费缗钱十余万[②]，和北宋皇帝动辄几百万缗[③] 不能同日而语。

三、绍兴十三年南郊祭祀的指导思想——宋高宗"复古"观念

宋高宗是一位非常重视祭祀的皇帝，他曾经对臣下说："晋武平吴之后，上下不知有礼，旋致祸乱。周礼不秉，其何能国？"[④] 他不仅重视祭祀的次数和形式，而且对祭器礼乐也相当认真。尽管力持节俭政策，但他亦认为："祭天之礼不可有阙，若礼数不备，不如不祭。"[⑤] 这也是他建炎二年以来一直没有举行南郊之礼的一个内因。因此，南郊祭器"以陶木代铜玉"，虽受客观条件所限，看似不经意，实则是经过深思熟虑的。

绍兴十三年"器应用铜玉者，权以陶木"的应用，不仅解决了南宋朝廷财政匮乏的燃眉之急，而且颇合古制，不失为一种好的变通之法。事实上，陶木祭器并非宋高宗的创举，自战国到汉朝，以铜器、漆器为造型、纹饰的陶器常有所见[⑥]。北宋时对祭祀制度有过大的修订，同时祭器的材质有过几次大的变更。

> 太庙初献，依开宝例，以玉斝、玉瓒，亚献以金斝，终献以瓢斝。外坛器亦如之。庆历中，太常请皇帝献天地、配帝以匏爵，亚献以木爵；亲祠太庙，酌以玉斝，亚献以金斝；郊庙饮福，皇帝皆以玉斝。诏饮福，唯用金斝；亚、终献，酌以银斝。[⑦]

由上得知，北宋初年直至仁宗朝，祭祀使用的祭器种类繁多，金、银、玉、木都有，以玉器为尊。北宋祀礼"修于元丰，而成于元祐"[⑧]。神宗熙宁十年（1077），知谏院黄履以庆历奉祀"郊祀礼乐，

---

① 《中兴礼书》卷九，第2—4页。转引自蔡玫芬《庄严与细巧：南宋的工艺与生活》，载于《绍兴文艺——南宋艺术与文化·器物卷》，2010年。

② 〔宋〕李心传：《建炎以来朝野杂记》卷二《郊庙·今圜丘》，中华书局，2000年。

③ 据《宋史》卷一七九《食货下一·会计》载："至道末，三岁一亲祀郊丘，计缗钱常五百余万"；"景德郊祀七百余万"，可见北宋郊祀耗资之巨，以至于郊祀成为当年财政开支的大项。"宝元元年，入一千九百五十万，出二千一百八十五万，是岁郊祠，故出入之数视常岁为多"，致使财政赤字。至和中，谏官范镇上疏言此弊端："转运使复于常赋外进羡钱以助南郊，其余无名敛率不可胜计。"

④ 《宋史》卷九十八《礼一》，第2424页。

⑤ 《宋会要辑稿》礼二四之八九，中华书局，1957年。

⑥ 蔡和璧：《南宋皇室官家祭祀与官窑器》，载于《南宋官窑文集》，文物出版社，2004年。

⑦ 《宋史》卷九十八《礼一》，第2428页。

⑧ 《宋史》卷九十八《礼一》，第2423页。

未合古制，请命有司考正群祀”[①]，从而展开了一场祭礼大讨论。元丰元年，命令太常寺成立专门机构对祭礼进行全方位的改革，把南郊和明堂祭礼制度化，并对坛壝神位、法驾舆辇、仗卫仪物等祭祀规格和器用作出新的规定，以求复古[②]。元丰六年（1083）又因“簠、簋、尊、豆皆非陶器，及用龙杓。请改用陶，以樿为杓”[③]，自此，祭器一改铜玉主导的局面，用陶木器。元祐祭礼遵循了元丰制度。建炎二年的南郊从元丰礼，绍兴十三年的南郊从元祐礼[④]，陶木祭器的使用符合祖制，合情合理。

除了承袭祖制，宋高宗使用陶木礼器和他自己对祀礼的观念大有关系。他认为，“三代礼器，皆有深义，后世非特制作不精，且失其意，朕虽艰难，亦欲改作，渐令复古”[⑤]，“国有大礼，器用宜称，如郊坛须用陶器，宗庙之器，亦当用古制度”[⑥]。从这些话中得知高宗欲复三代之礼，祭器也应当效法三代。宋高宗设置礼器局目的之一就在于制作祭祀用器，其制作是严格按三代礼器的形制来完成的[⑦]。

四、“以陶木代铜玉”的合“礼”性论述

孔子曰“克己复礼”，他认为周礼是最合乎伦理道德精神的[⑧]。《礼记》详尽地论述了各种典礼的意义和制礼的精神，和《仪礼》《周礼》合称“三礼”，被后代统治者倍加推崇。宋代尽管在统治上没有独尊儒术，但宋代产生的大儒对当世和后代皆影响深远，宋高宗的“复古”观念可以说是“儒家”的礼制观念，《礼记》中关于礼器的记载可以找到绍兴十三年祭祀“陶木代铜玉”的理论依据。

礼有以多为贵者，有以少为贵者；有以大为贵者，有以小为贵者；有以高为贵者，有以下为贵者；有以文为贵者，有以素为贵者。“宗庙之祭，贵者献以爵，贱者献以散。尊者举觯，卑者举角。五献之尊，门外缶，门内壶，君尊瓦甒。”[⑨] 商代白陶，西周青铜都充当过身份尊贵的礼器，它们的产生和当时社会生产力发展水平有关，无分贵贱。只要“合于天时，设于地财，顺于鬼神，合于人心”[⑩]，最原始的“瓦甒”都可以表达君主内心的虔诚与恭敬。若“居山以鱼鳖为礼，居泽以鹿豕为礼”，忽视客观条件的存在，无中生有，“君子谓之不知礼”[⑪]。以当时绍兴十三年的实际国力，在没有时间和物力铸造铜玉之器的情况下，就近取材，以陶木代之，是“合礼”的。

---

① 《宋史》卷九十八《礼一》，第 2422 页。

② 《宋史》卷九十八《礼一》载：“元丰元年，始命太常寺置局，以枢密直学士陈襄等为详定官，太常博士杨完等为检讨官。襄等言：‘国朝大率皆循唐故，至于坛壝神位、法驾舆辇、仗卫仪物，亦兼用历代之制。其间情文讹舛，多戾于古。盖有规摹苟略，因仍既久，而重于改作者；有出于一时之仪，而不足以为法者。请先条奏，候训敕以为礼式。’”见《宋史》，第 2422 页。

③ 《宋史》卷九十八《礼一》，第 2430 页。

④ 〔宋〕李心传：《建炎以来朝野杂记》卷二《郊庙・南北郊明堂》，中华书局，2000 年。

⑤ 《皇宋中兴两朝圣政》卷二六（宛委别藏本），转引自邓禾颖《南宋官窑探微——对南宋官窑若干问题的回顾与思考》，《南宋官窑文集》，文物出版社，2004 年。

⑥ 《宋会要辑稿》礼一四之八一，中华书局，1957 年。

⑦ 据《中兴礼书》卷九《郊庙祭器》：“诏令段拂、王铁一就讨论，同王晋锡制造。一，圆坛正配位，尊罍并豆并系陶器、牲尊、象尊、壶尊各二十四，豆一百二十并盖，簠簋各二十四副，已上《博古图》该载制度，于绍兴十三年已行烧造外，内有未应《博古图》样制，令讨论合行改造太尊六十四、大罍二十四，已上《博古图》该载，见依《三礼图》烧造。……四，伏望朝廷指挥，一样改造施行。……欲依制造礼器局所申是由实行。诏：依。”转引自邓禾颖《南宋官窑探微——对南宋官窑若干问题的回顾与思考》，《南宋官窑文集》，文物出版社，2004 年。

⑧ 笔者认为孔子的“克己复礼”有其时代背景，当时礼乐崩坏，周天子天威不存，社会文化经济进入大变革时代，孔子传扬恢复周代的礼制，乃是阐述他的治国思想。跟后世附加的儒家礼教有所区别。

⑨ 《礼记》卷二十三《礼器》，见《礼记集解》，中华书局，1989 年，第 638—639 页。

⑩ 《礼记》卷二十三《礼器》，见《礼记集解》，中华书局，1989 年，第 625 页。

⑪ 《礼记》卷二十三《礼器》，见《礼记集解》，中华书局，1989 年，第 625 页。

结　语

综上所述，靖康之变后，民生凋敝，南宋朝廷一度财政异常窘迫，但到绍兴十三年时，社会经济随着宋金停战而有了一定恢复。高宗诏书中所言“边境休兵，寇盗弭宁，民俗康阜，日致慈宁之孝，岁收高廪之丰”① 并非完全夸大之说。那年南郊祭祀“以陶木代铜玉”，固然是南宋朝廷制度草创、国用不足的权宜之计，但时间、精力不够也是一个不可忽视的重要因素。然而，从根本上讲，“陶木祭器”是宋高宗效法祖制、决心复古的必然选择。

之后，南宋政局稳定，在国家大力发展海外贸易和重商政策的引导下，社会逐渐恢复昔日的繁荣，朝廷亦有充分的人力物力财力重新铸造各式礼器。绍兴十六年（1146）的冬至圜丘南郊祭祀大典上，已不再是清一色的陶木之器。到度宗时，华丽丽的金银铜玉早已成为礼器的主角，闪耀着人们的双眼，享受着人们的赞美，只是这时离南宋灭亡已经不远了……

① 《咸淳临安志》卷三《郊庙 · 郊丘》。

西湖的疏浚与记录

潘沧桑

［摘　要］ 从某种意义上说，西湖的发展史就是一部疏浚和保护的历史。新中国成立以来的三次重大西湖疏浚工程，无不反映了不同历史阶段的科技手段、保护理念的发展与进步。开展西湖疏浚史研究，整体疏理三次疏浚资料，形成史料汇编，为口述研究打下良好基础。对新中国成立初期的第一次疏浚采用口述史方式进行记录与研究，是西湖疏浚记录与研究方式的新尝试。

［关键词］ 西湖；疏浚；保护；记录

2011年6月24日，在35届世界遗产大会上，杭州西湖文化景观遗产被正式列入《世界遗产名录》，成为中国第41处遗产，同时也是第一处湖泊类世界文化遗产。填补了世界遗产类型的空白。

西湖曾有很多古称，如武林水、钱唐湖、上湖等，“西湖”之称谓见于文字记载始于唐代[①]。中国历史上曾有许多以西湖为名或以杭州西湖景观为蓝本的湖泊，但无出其右者。时至今日，中国历史上曾经以西湖为名的湖泊绝大部分已湮废，只有杭州西湖不仅完好地保存了其自然和历史原貌，呈现遗产价值的真实性和完整性，且一直保持其游览功能与旺盛的活力，这不得不说是人与自然良性互动的一个奇迹。

一、西湖的疏浚保护历史

在西湖的千年历史进程中，疏浚和治理绝对是主旋律。据历史资料统计，唐代至清代主要工程有23项。时间间隔100年以上的3次，最长的168年；20年以下的7次，最短的8年。

西湖自唐代（7世纪）开始得到有组织的疏浚治理，此后各个朝代都得到很好的维护。

唐时，湖东成陆不久，杭州地下水仍受江潮影响，咸苦不堪饮用。唐德宗年间，宰相李泌任杭州刺史，开凿六井，引西湖淡水入城供居民饮用，打造了西湖与城市最早的引水系统。唐长庆中，白居易为刺史，始筑堤捍湖，以时蓄泄，州东北濒河之田有千余顷，皆资以灌溉，无复凶年。农村的富饶，又促进了都会繁荣。自此以后，开湖浚河，历代皆奉为成法[②]。至唐末五代吴越国时期国王钱镠则力排方士填湖修筑宫殿以行千年国运的进谏，并设撩湖兵专司浚湖。

北宋时苏轼两度仕杭，元祐四年（1089）第二次来杭出任知州，翌年即向朝廷上呈《杭州乞度牒开西湖状》，从历史、政治、利益、筹资、时机等角度论述疏浚西湖的重要性与可行性，组织人力对西湖进行大规模的疏浚，并用西湖泥堆筑成一条沟通南北的长堤——苏堤。苏堤的修筑解决了

〔**作者简介**〕 潘沧桑，杭州西湖博物馆书记、馆长，文博副研究馆员。

① 〔唐〕白居易：《西湖晚归回望孤山寺赠诸客》《杭州回舫》，《白居易集》，中华书局，1979年。

② 谭其骧：《杭州都市发展之经过》（1947年11月30日应浙江省教育会等之邀在浙江民众教育馆讲演），《长水集》（上），人民出版社，1987年。

西湖南北的交通问题，并促成“苏堤春晓”景致的形成。1138年，南宋定都临安（今杭州），朝廷上下十分重视对西湖的治理和利用，政局甫一稳定就组织了疏浚。前期每相隔十多年就要对西湖湖面进行较大规模的疏浚，清理西湖水口以防淤塞，并制定相应的法律禁止侵占湖面。

元代除至元年间曾一度疏浚作放生池外，统治者对西湖基本采取放任不治政策，因此元代至明初西湖经历了一段淤塞期。据《西湖游览志》记载，明初的西湖，“苏堤以西，高者为田，低者为荡，阡陌纵横，鳞次作叉，曾不容刀”①。明正德三年（1508），知府杨孟瑛力排众议，奏请疏浚西湖，恢复苏堤六桥旧观，并以湖泥在苏堤以西筑长堤，后人称之“杨公堤”。清代，康乾两位皇帝多次南巡，促进了湖山胜迹的整治，而皇家钦定御题“西湖十景”则再次为西湖带来盛名。清雍正及嘉庆年间两位浙江巡抚——李卫及阮元，先后对西湖进行了全面的疏浚整治，前者增修西湖十八景，后者将挖出之淤泥堆筑于湖心亭之西，人称“阮公墩”，直接促成了持续近千年西湖“两堤三岛”景观格局的最后形成。

清末民初（19世纪末至20世纪初），西湖经历了近代化过程，1928年对苏堤、白堤进行了改造，并重点修复十景御碑亭。民国后期西湖的状况不容乐观，湖体淤塞严重，湖水深度仅55厘米，水底遍生水草，游船过处，泛起阵阵湖泥。环湖则多洼塘低地，葑草丛生，夏秋蚊蝇孳聚。历史上曾多次出现过的荒芜现象，又一度出现在人们面前。

1949年以后，西湖设立专门的保护管理机构和水体监测专业机构，制定相应的文物保护规章制度，出台《西湖水域保护条例》等专项法规。自1952年起至1999年，政府先后组织三次大规模西湖疏浚工程。1985年开始，实施了西湖引配水工程。2001年开始至今，持续全面实施西湖综合保护工程，实施水生态修复工程。

新中国成立后实施的三次疏浚工程分别为1952—1962年的第一次疏浚、1976—1982年的第二次疏浚和1999—2003年的第三次疏浚。这三次疏浚工程对于改善西湖湖泥淤塞、水草丛生的水域状况，增加蓄水量，改善区域小气候至关重要，西湖整体环境因此得以改善。尤其是第一次疏浚工程可谓是新中国百废待兴时期的一大壮举，人民政府先后投资人民币454万元，挖掘、清除淤泥720.88万立方米，西湖平均水深增加到180厘米，全湖的蓄水量也从疏浚前的300多万立方米，增加到疏浚后的1018.8万立方米。这些泥土如果堆起来，可以筑成三十多条苏堤。同时，第一次疏浚也是西湖历史上首次实施机械化疏浚。“在当时的历史条件下确是一件惊人之举。”② 鉴于新中国成立后的第一次疏浚的重大意义和历史地位，2015年杭州西湖博物馆（西湖学研究院）与浙江大学公众史学研究中心合作开展口述历史记录。

二、古代西湖治理的记录

西湖疏浚的历史记录，同时也是人、湖、城自唐迄今一千多年的重大事件记录。自古以来与西湖有关的文字记载浩如烟海，涉及西湖疏浚的记录也很多。

1. 各类史书记载

一是史书记载，如《宋史》《明史》均在《河渠志》中记载有朝廷准地方官奏请治理西湖的内容。二是各类人物传记，如《新唐书》中的《李泌传》《白居易传》，《吴越备史》中的《大元帅吴越国王》，《宋

① 〔明〕田汝成：《西湖游览志》，上海古籍出版社，1998年，第4页。

② 杭州市园林文物管理局：《西湖风景园林》，上海科学技术出版社，1990年，第4页。

史》中的《王济传》《郑戬传》《张杓传》,《明史》中的《孙原贞传》等，以及清张鉴等撰《阮元年谱》,清李元度《国朝先正事略·阮文达公事略》,清末民初赵尔巽等撰《清史稿》中的《阮元传》等，均在记录人物生平和事迹中有相关记录。三是各类《会要》《实录》等政书类或实录类的史学著作，如《宋会要辑稿》《明实录》《明宪宗实录》《明武宗实录》《建炎以来系年要录》,以及清吴任臣撰《十国春秋·吴越六·忠懿王世家下》等后人撰写的文献中也均有关于西湖治理的记录。

2. 各类志书记载

一是各类地方志考及地理类书籍，如宋周淙《乾道临安志》、宋潜说友《咸淳临安志》、宋施谔《淳祐临安志》、宋祝穆《方舆胜览》、宋周密《武林旧事》、历代《浙江通志》、历代《杭州府志》、《浙江方志考》等都有对西湖治理的记载。二是西湖的专志。西湖自古以来吸引无数文人墨客流连，而为其修专志自明以降历代不绝，可谓一个湖泊类景观独特的文化现象。如明田汝成《西湖游览志》、清雍正《西湖志》、清梁诗正等辑《西湖志纂》、清翟灏等辑《湖山便览》、民国胡祥翰《西湖新志》和《西湖新志补遗》等等。

3. 各类传世文献

如唐白居易《钱塘湖石记》、宋苏轼《杭州乞度牒开西湖状》和《申三省起请开湖六条状》①、宋王安石《沈内翰墓志铭》②、明杨孟瑛《浚复西湖录·呈复西湖录》③等。

三、当代西湖疏浚的记录

1. 疏浚的记录现状

1949 年以来，西湖经历了三次大规模的疏浚，反映了不同历史阶段下的科技手段、保护理念的发展与进步。尤其是中华人民共和国成立之初的第一次疏浚工程，拉开了社会主义建设时期西湖治理保护的序幕，是杭州城市史和西湖治理史上浓抹重彩的一笔。对这三次西湖的当代疏浚，时有记录散落在各类关于西湖治理的书籍文献及各类相关的资料中，如《盈盈碧波——杭州西湖水域的综合保护与整治》《西湖岁月——新中国建立以来西湖风景区治理保护工作纪事》《西湖文献集成·中华人民共和国成立 50 年西湖文献专辑》《建国后西湖水域治理的研究》等。

2. 疏浚的记录研究

在对有关记录进行整体的梳理研究的基础上，开展全面的调查，对相关档案材料、报刊材料、回忆录以及相关学术论文进行全面梳理，形成《中华人民共和国成立后三次疏浚史料汇编》。

一是档案材料部分。全面搜集杭州市档案馆收藏西湖疏浚相关的档案，内容涵盖西湖疏浚工程的整体计划及其前后的变动修改情况，包括工程资金预算与投入、人员吸收、配备与调动、设备材料的购买与利用、堆土区的确定与土地利用以及工程事故等疏浚工程各个方面的情况，其中 85% 的档案为首次纳入史料系统汇编范围。二是报刊部分，包括《浙江日报》《杭州日报》《当代日报》《人民日报》《钱江晚报》《都市快报》《经济观察报》等报纸中 1949—2014 年有关西湖疏浚的新闻消息

① 〔宋〕苏轼 :《苏轼文集》卷三〇，中华书局，1986 年，第 3 册，第 863—872 页。

② 〔宋〕王安石 :《王文公文集》卷九四，上海人民出版社，1974 年。

③ 王国平 :《西湖文献集成》，杭州出版社，2004 年。

和报道。这些报道还展现出学者、工人、市民对西湖疏浚的印象和态度，并且记录了不同时代西湖的变化。报道中的图片更是了解不同时代西湖状况以及西湖疏浚工程情况的珍贵材料。三是回忆录。主要有《建国初期西湖疏浚工程纪实》《杭州解放后十七年间的园林建设》《余森文回忆录》等。四是学术论文。涵盖了现已在相关刊物中发表的有关西湖疏浚的论文，包括生物、环境、工程技术、景观等方面的专业论文。

3. 疏浚的口述记录

通过对中华人民共和国建国以来的西湖疏浚记录的研究，可以发现，虽然对三次疏浚的记录内容不少，但总体来说记录简单，很多资料并非为三次疏浚的专门记录也非一手资料，使用材料多采取片段式摘录，缺失细节。特别是第一次疏浚年代已相对久远，直接参与此次疏浚的重要人物或相继离世或年事已高，进行抢救性的口述记录显得十分必要。

在史料汇编完成后，即对第一次疏浚开展了口述史项目。收录 8 位受访者关于第一次西湖疏浚工程的口述访谈稿及录影材料，共十六万余字、15 小时，及两篇相关人物论著。由于前期工作准备充分，新中国成立后第一次疏浚的口述记录进展顺利。首先整体梳理了三次疏浚资料形成的史料，比较完整地展现出新中国成立之后三次疏浚工程的整体面貌。同时通过对文书资料的整理，查找出丰富的口述史访谈对象的线索，并经过多方联系，最后确立 8 位不同程度参与第一次疏浚工作的访谈人员。通过对工程细节具体情况的补充与完善，以及对访谈对象的前期沟通交流，为设计口述访谈问题打好基础；在忠实记录的基础上，进行文字稿的整理，为后期深入系统的研究工作打下了基础。

口述记录通过对当事人的访谈，用视频或音频记录当事人的回忆，收集和研究有关事件的历史信息，是一种有别于传统记录方式的历史研究方法。口述历史与传统记录的不同意义在于，一是可以寻找出书面记录缺失的部分。口述历史通过当事人的回忆，可以补充很多历史的细节。比如对疏浚工程细节具体情况的补充与完善，这些信息大部分不在书面文献里。比如，在对疏浚西湖工程处负责人韦旭东的访谈中，当事人详细谈到最初组织人工挑泥失败后，及时引进了机械化设备。当时的挖泥船采用蒸汽动力，烧的是特批的质量比较好的白煤，吸泥船用的燃料是汽油，拖船则需 500 瓦电力，而最后接驳的小驳船则采用人力。这些没有被记录在文本中的细节充分说明在当时物资十分紧缺的情况下，国家及各级政府对西湖疏浚的支持与保障，为这段历史提供了翔实的资料。二是口述历史通过访谈获取有效的历史信息，作为事件的亲历者，回忆往往会触动受访者内心，也可能会触发信息的爆发，访谈者必须与受访者建立良好关系和良性情感互动。因此，与传统的历史记录相比，口述记录更具有沟通与理解的本质。第一次疏浚的口述记录在确立访谈计划与访谈人员之后，比较注重与访谈对象的前期沟通交流，记录过程中也注重情感的交流，从受访者的个人经历、家庭情况等细微之处入手，与受访者建立良好的互动。三是口述记录可以收集到与传统书面记录不同视角的信息。由于受访者一般是直接的参与者或见证者，往往对历史事件的发展有更准确的认识，给历史书写提供了难得的视角。比如，第一次疏浚的见证人盛国进就讲到第一次疏浚的组织机构“疏浚西湖工程处”，与其后成立的“西湖疏浚工程处”即现在的“西湖水域管理处”是两个组织机构，但在一些有关组织机构沿革的官方记录中却往往将两者混淆。

对新中国成立初期的第一次疏浚采用口述史方式进行记录与研究，是西湖疏浚记录与研究方式的新尝试。西湖疏浚历史的记录、呈现和保护是公众历史的重要实践。口述历史作为公众史学的重要分支，一方面有助于专业的研究者以深度研究的方式与历史发生联系，以亲历者的平视角度审视历史，改变惯常的俯瞰式历史记录与书写方式。另一方面有助于人人参与、书写人人，口述的过程即是记录每个亲历者的个人史的过程，也是每个亲历者通过讲述参与书写历史的过程。西湖作为世界文化遗产，西湖疏浚的历史不仅事关城市文明和时代更迭，更是一个个鲜活生命史的组成。

〔参 考 文 献〕

［1］王国平．西湖文献集成［M］．杭州：杭州出版社，2004.

［2］国家文物局．杭州西湖文化景观：申遗文本［R］.

［3］陈同滨，傅晶．世界遗产杭州西湖文化景观突出普遍价值研究［J］．风景园林，2012（2）.

［4］谭其骧．杭州都市发展之经过［M］// 长水集：上．北京：人民出版社，1987.

［5］阙维民．杭州城池暨西湖历史图说［M］．杭州：浙江人民出版社，2000.

［6］黄文柳．杭州西湖文化景观城湖空间格局控制研究［J］．风景园林，2012（2）.

［7］李功成．杭州西湖园林变迁研究［C］．南京：南京林业大学硕士学位论文，2006.

［8］苏轼．苏轼诗集［M］．北京：中华书局，1982.

［9］田汝成．西湖游览志［M］．上海：上海古籍出版社，1998.

［10］洪焕椿．浙江方志考［M］．杭州：浙江人民出版社，1984.

［11］苏轼．苏轼文集［M］．北京：中华书局，1986.

［12］王安石．王文公文集［M］．上海：上海人民出版社，1974.

秋水山庄与博览会桥

丁云川

民国时期的报业巨子史量才，为博得他心爱的人沈秋水的芳心，经常带她到杭州西湖来游玩。1925年，史量才买下了西湖北山街新新饭店旁的一块地皮，仿照红楼梦怡红院的格局，建了一座有小曲长廊、假山，小楼底层还设有小剧坊，并冠以秋水之名的秋水山庄。自此，沈秋水在山庄过着修心养性的日子。史量才也经常来山庄小住，他还聘了一位琴师到山庄来教沈秋水抚琴。史量才在山庄凭眺西湖山水时，还作了“晴光旷渺绝尘埃，丽日封窗晓梦回。禽语泉声通性命，湖光岚翠绕楼台。山中岁月无古今，世外风烟空往来。案上横琴温旧课，卷帘人对牡丹开”的诗句。颇有灵性的沈秋水，遵夫君诗意抚琴谱曲，乐声悠悠，萦绕于西子湖山水间。

1929年，浙江省省长张静江，在杭州举办了一个规模巨大的西湖博览会。举办西湖博览会时，在孤山放鹤亭与对岸秋水山庄的位置上，建造了一座长长的大木桥，人们称它为博览会桥。

博览会桥全长194米，桥基34排，每排4桩，桥面桥栏均以木料构造，此桥的建筑设计者是杭城著名的建筑工程师吴寅先生。《西湖博览会》一书介绍：新建长木桥，取名博览会桥，长六百尺，桥上建茅亭三座。中为八角式，其顶安置无线电收音机，有人专司开关，不见其人，但闻其声。每当游人云集时，开机唱戏，声音四达，孤山北山两岸皆闻。昔为空谷传声处，今又变作长桥唱戏亭矣。南北两亭为四角式，上均盖稻草。长桥上一路均悬各种旗帜，且联以电灯，入夜照影入湖中，更好看。……桥上还悬挂白布标语两幅：“西湖博览会是激发国货实业家竞争心，促进生产技术的进步”；“西湖博览会是检查国货出品的成绩，共谋生产技术的改良”。

有一天，史量才与沈秋水结识了一位卜星算相、精通音律琴棋的高人，并请其到山庄做客。他坐在小楼朝前眺望，不觉“啊”地叫了起来，史量才和沈秋水顿时不知所措。高人说：这座桥把山庄的风水全破了，这座桥像一柄剑——白刃刺胸，直插山庄！

听罢此言，史量才则抱着“是福不是祸，是祸躲不过”的心态；而沈秋水呢，从此再也愉悦不起来。

1932年11月13日下午2时多，史量才、沈秋水一行六人，离开秋水山庄去上海。岂知，当车行驶到海宁翁家埠时，遭国民党特务伏击，史量才不幸中弹身亡，沈秋水侥幸逃过劫难，保住了性命。自此后，沈秋水皈依佛门，将秋水山庄办成尚贤妇孺医院。

沈秋水（左一）和两个干女儿在西湖

（转引自1999年3月4日《杭州日报》）

1937年12月杭州沦陷。日寇占杭时的1942年10月，这座贯通里湖南北、让孤山热闹起来的博览会桥，终因腐蚀过度和日寇为提防抗日志士经此桥进入市区而下令拆除。留下的只是让人们回忆的照片上的博览会桥。

放鹤亭与对岸秋水山庄之间的博览会桥

秋水山庄

历史的转折点

——从“寝阁之命”到岳飞之死
兼评《南宋王朝》第26章“削兵议和”

朱祥林

宋承五代之弊，然立国之初，笑谈间即一举结束了自安史之乱后二百余年的藩镇割据之祸。其后立誓碑，定家法，平十国，存世二百余年间，无“靖难之变”“七国之乱”及女主、外戚、宦官专权之祸，更无足以覆国的农民起义。其文明之演进，可说前所未有，并世无二。而宋祚之长，自秦以后，二千年间，仅次于汉。若无当年五代石敬瑭以边防重地幽云十六州割辽，遗无穷之患，则宋之成就与其对后世的影响，当远不止于此。

但是，有宋一朝的天下再好，也是一个君主专制的“家天下”。这其实是数千年间中外历史上普遍存在过的现象，并非中国所独有。“主权在民”“公仆”之说，还是现代才有的认识与追求，故不能苛求于古人。尽管如此，以今天的眼光来看，由“君权神授”说延伸出来的“家天下”，实是一场绵延数千年的大骗局，多少祸乱与人间悲剧皆由此而起。当年韩信在未央宫钟室临诛前的一句“悔不听蒯通之言”响彻千古。“功高震主，其身必危。”利之所在，为这个“家天下”，不是你死，就是我活，父子兄弟间尚且如此，更遑论其余！魏晋禅让，南朝篡夺，隋唐乱亡，五代更替，皆历历载诸史册。而赵宋老祖宗的“陈桥兵变”，其后人当然心知肚明。故谨防尾大不掉，太阿倒持之祸，实为有宋一朝重中之重的家法。故凡对外用兵，不是“御驾亲征”，就是“将从中制”。诸将出师，“分兵而无主帅”，时或“宦官监军”，北宋名将杨继业之死，就在后者的一句话上。如此家法，在北宋而言，平十国尚可，而难对强敌辽、金。为了恢复幽云十六州，最后联金灭辽，终致覆亡。就是在神宗朝对正陷于内乱中的西夏用兵，也是丧师失地，同样未获成功。窃以为宋之“弱”的重要原因，应该就在这里，而宋之“久”，亦可在这里找到根据，似乎世上的事还真的很难“十全十美”。

以南宋而言，赵构实非庸君。观其对岳飞的识拔，特别是绍兴七年（1137）的“寝阁之命”，可谓君臣相得，风云际会。若能始终如一，不但旧日山河可复，靖康耻可雪，中兴可期，虽汉唐规模不难，对后世的影响更是无可估量。但此举明显地突破了祖宗家法。不过仔细想来，岳飞虽增并了原刘光世部下五万多人，而赵构手中还是留了一手。他除了掌握着当年平“苗刘之变”的功臣张俊、韩世忠的部队，还有不在诸路范围之内而由高宗直接调动的禁军，即杨沂中，可能还有刘琦的殿前司军，足防不测，设想可谓周全。但在这个节骨眼上，赵构有识无量，经不起张俊等人别有用心的提醒而反悔，终致功亏一篑，酿成了不可收拾的后果。

想当年，秦灭楚，以倾国之兵六十万托付老将王翦。汉刘邦对韩信登坛拜将，委以全军。直至最后还是让他全权指挥垓下之战而成大业。“鸟尽弓藏”“兔死狗烹”，还是以后的事。而宋初有“杯酒释兵权”的先例，故岳飞功成后未必即死。当然，这犹如一场豪赌，谁都不知道最后的结局是什么。

后世被辛弃疾誉为“气吞万里如虎”的刘裕，就在北伐回师后，即代晋而为宋武帝。但是，无论如何，从赵构对“寝阁之命”的反覆中，可以明确无误地看出他隐藏在心底最深处的底线：与其冒恢复中原而易姓的风险，还不如安于半壁河山而存赵氏天下。同样理由，也足以解释其后在绍兴十年（1140），岳家军在屡败金军后，围兀术于背靠黄河的开封。而河之北，举岳家军旗号的义军达四十余万，金军号令不行。在岳飞乞止班师书上所说“不出三日，破金必矣”的形势下，赵构何以强令班师？实际上此事也不难解释。想当年归并刘光世部只五万多一点，尚且一万个不放心，不惜推翻“寝阁之命”。如今屡挫金军，深得人心的岳家军，若破金渡河而北，收义军后成军数十万不难。果如此，若有不测，将何以制之？“当年自怕中原复。”窃以为根本原因即在此而不在彼。

但是退十万步来说，即使赵构心中有这样的顾忌，至少也应该在如此大好的形势下，继此前已复西京、洛阳等地以后，再拿下开封。而后划河而守，理直气壮地重议实际上已被金方自己撕毁的绍兴八年和约中的“称臣”、“割地”、“岁币”、放归“天眷”诸款。常言“弱国无外交”，如今南宋在屡胜之后，强弱之势已见的情况下，这一切都是题中应有之义，什么都好说。但赵构计不及此，不念祖宗陵寝之地，无视中原父老生死之苦，不作善后之计，尽弃将士以血肉争回的河南之地，强令岳家军回师。可叹的是百年以后，理宗朝再想起守河据关之策，重提收复三京，进军开封、洛阳而与蒙古联兵，终启覆国之祸。谋国如此，真不可想象。

有一件奇怪事，不知是否有人仔细想过。那就是在绍兴十年，兀术毁约渡河南侵，连遭败绩，险被覆没之后，何以在岳家军被迫回师不过百日左右，在内部不稳、中原未定、军无斗志的情况下，迫不及待地于次年即绍兴十一年竟罕见地在开春即出兵渡淮，发起淮西之战？兀术亦非等闲，何以孤注一掷，无惧被捣虚与合围之险，断然出兵？窃以为若非深悉敌情，决不敢行此险着。实际上，宋金多年和战相继，除民间渠道外，双方使者往还不绝，其中不乏在暗中互通有无、无法放在桌面上、难以见诸史籍的消息与约定。整个淮西之战，前后不足三个月。兀术在继柘皋战败后，用郦琼之计，在濠州设伏尽歼杨沂中与张俊的主力王德部。刘琦与张俊余部被迫南撤，韩世忠部勉强全师而还。在三月十二日，岳家军抵达濠州以南定远县后，金军闻风渡河北撤。综观不足三个月的淮西之战，金军一败一胜，最后寸土未得。

但是，从深层次的战绩来说，此战使高宗在当年“寝阁之命”中所赖以为依靠的张俊、杨沂中部皆溃不成军。而此时岳家军的战力已非当年可比，不但让金军望风而靡，也足以使赵构寝食难安。故绍兴十一年三月下旬赵构在淮西之战后不过10天左右，即以庆柘皋之捷为名，一举解除三大将甚至刘琦的兵权，当然最关键的是解除岳飞的兵权。

但是在给岳飞的制诏中说的话还是非常有理的：“朕以虏寇未平，中原未复，更定大计，登用枢臣。”可“近资发纵指示之奇，远辑摧陷廓清之绩”。又亲对张、韩、岳三大将说：“卿等宜共为一心，勿分彼此，则兵力全而莫之能御，顾如兀术，何足扫除乎。”即使五个月后即八月九日岳飞被解除枢密副使而任闲职时，在罢官制词中仍信誓旦旦地说：“记功掩过”，“宠以全禄”，“所以保功臣之终”。并在同月二十四日“三省同奉圣旨，岳飞所居屋宇不足，令临安府应副添造”，即以后改为国子监太学的岳王府。说的做的也是有情有义，确实符合建炎初由被俘北去的徽宗密托曹勋转达的宋初在太庙密室誓碑上所说的，比后世宪法还宪法的“不杀大臣及言事官，违者不祥”的誓言。若果如所言，则在当时的条件下，已罢三大将兵权，去岳飞实职，既解除了赵构的心头之患，又留有余地。只要岳飞与岳家军在，也足以震慑金人，以防不测。事情做到这一步，可说已经到了极限。再跨出一步，必将万劫不复，成千古罪人。但是，谁也不会想到只不过50天左右，岳飞就进了与这个岳王府仅一河之隔，可谓比邻而居的大理寺而终不得出。这就是一般人所难以明白的帝王权术。

实际上在绍兴十年的几次大战后，双方力量的对比已见分晓。兀术在1148年即1141年绍兴第二次和议后七年病危时亲笔写下的《临终遗行府四帅书》中曾说："南宋近年军势雄锐，有心争战。""吾身后，宋若败盟，任贤用众，大举北来，乘势撼收中原人心，复故土如反掌，不为难矣。"这与岳飞当年"直捣黄龙""待重头收拾旧山河"的话如出一辙。也与生活在北方的百姓与长期滞留在金国的使臣如洪皓那样的向南宋朝廷反映的情况相一致。即使金人自己的感受，也同样如此。对形势作这样的认定，可以说人同此心，已可定论。可叹金人"以和佐战"的策略，当年据汴京外城不下，以此玩徽、钦二帝于股掌之上，无须自己动手，完全由开封府的人代劳，俘人，掠财，收书画、档案、宝玩，最后彻底地搜括净尽而去。若不是当年宗泽苦苦留住赵构，金人即可一举灭宋，其后再无南宋。如此灭人之国，可说史所罕见。

但是，只不过15年，到了绍兴十一年，这一幕再度重演，而更有过之而无不及。这一次是在宋强金弱的态势下，兀术竟能以"必杀飞而后可和"的条件，诱降而非诱和南宋。于当年十月与岳飞入大理寺狱的同时进行谈判，而以破泗、楚二郡以试南宋求和的反应。到十一月，终于签订了向其"称臣、割地、纳贡"的第二次"绍兴和约"，实质上是第二次"绍兴降约"。不但如此，赵构更以"臣构"的名义敬献誓表："既蒙恩造，许备藩方，世世子孙，谨守臣节。""有谕此盟，明神是殛。"什么靖康之耻，早已丢在脑后，忘得一干二净。和议达成后一个月，也就是当年的十二月二十九日，即在大理寺狱杀岳飞以取信于金。而金方付出的代价仅仅是一个过了气的老妇人和一段替代徽宗赵佶遗骸的朽木而已。

自古争战不绝，其结果非胜即败，非和即降，关键在于双方力量的对比与决策的高下。历史上，战败而降的比比皆是，战胜而降可说史所仅见，简直是在开玩笑，再找不出第二例。如今看惯了我们国家处理如此复杂的国际关系，有如围棋高手，气定神闲，应对裕如。回过头来再来看当年的宋金关系，老实说只不过是小菜一碟，如同下五子棋，绍兴十一年的局势，何致屈膝而降，成千古遗恨？

但是，不可理解的是直到今天，如近年出版的《南宋王朝》"削兵议和"一章中，两位作者虽然承认"绍兴和议的实质就是投降，八百年来，任何人对这一点都没有异议。但对投降的态度，后世却争议很大"。作者以为"绍兴和议无论对宋、金两国百姓而言，都是善莫大焉"，"绍兴和议的签订，是多么理性，多么仁慈，多么英明"。一连三个"多么"，作者对"绍兴和议"的钦佩之情，真可说是溢于言表。看起来，此书作者没有少读书，除了有关中国的历史，还"纵观世界战争史"，发现"投降的国家比比皆是"。作者列举在二战中即有奥地利、法国等差不多有将近30个国家先后投降过。故作者如同一个站在讲台上的老师那样，向下面的学生问："这些曾经投降过的国家真的错了吗？"但是，作者难道忘记了即使在二战最艰难的时刻，戴高乐在法国投降的同时，即在英国电台上宣布继续抗击德国法西斯。邱吉尔在伦敦连遭狂轰滥炸，英国危在旦夕之时，依然打着"V"的手势，指挥若定。即使像捷克那样的小国，伏契克就是在绞索已勒在脖子上的最后时刻，还要作报告，誓不屈膝。更不用说1941年的十月革命节，苏联在德军兵临莫斯科城下极度危急之时，依然红场阅兵的那种大无畏精神。还有我国从1931到1945年在极端艰难困苦的条件下坚持的抗日战争。难道这些坚持到最后胜利的国家，真的也是错了吗？

说句不太客气的话，作者虽然书读了不少，但诸如"何谓投降？投降就是妥协"这样的话就是明显的无知，是混淆了两种完全不同的概念。从历史上曾经发生过的事情来看，汉唐"和亲"与现代在三八线上的"停战协定"，应该就是力量相持不下，双方妥协的结果。如果妥协就是投降，请问，这个"停战协定"究竟是谁向谁投降？本书作者能回答这个问题吗？

还有，本书的作者对绍兴和议签订后双方的发展前景似乎也过于乐观。作者说："两国在和平之后，都各自埋头内政，苦心经营，全国很快取得了突飞猛进的发展，而南宋更是连续获得一系列令人眼花缭乱、叹为观止的辉煌成就，继续创造光辉的未来。中国的东南地域，由此奠定了经济和文化重心的地位。”这一段话，作者是否说得太轻巧了些？实际上北方人民在1141年《绍兴和约》以后，南望王师一年又一年，直到整整93年后，1234年王师端平入洛时看到的黄河以南的景象又是什么呢？史载“所复州郡皆空城，无兵食可因”。至洛阳城下，“城中寂然无应者，至晚，有民庶三百余家登城投降。迪与敏子遂帅众入城”。(《续资治通鉴》卷四，页15）曾经的繁华之地，如今已成了无人区。这中间又有多少人间的苦难与血泪！作者究竟是何心肠写出如此轻飘飘的赞歌？！

就是对南宋来说，把我国的东南地域之所以能奠定经济和文化重心的地位，归之于《绍兴和约》，这也是不知本源。谁人不知这个重心，在历史上曾经经历过北上与南下。当年中华文化的重心曾经以良渚文化为标志，在东海之滨崛起。其后因海侵而北移，这里边缘化而成了南蛮之地。而数千年后主要是由于北方的战乱，历史的钟摆又再度回摆，重心又逐步南移，到南宋而成定局。从中华文明的发展史来说，南宋可以说是遇上了一个难得的黄金时代。它的经济、文化以及诸多方面，均为当时世界的巅峰，也是其后西方世界向往东方，开辟“新航路”的重要原因。“多难兴邦”，历史其实给了南宋一个发展的机遇期。若当年“寝阁之命”不变，重头收拾旧山河，宋之富之强，与华夏民族之文化，历数千载之演进，当不止如陈寅恪先生所说的造极于赵宋之世的高度。而对世界历史潮流的走向，更是不可估量，恐未必有后世五百年的殖民时代，至少亚洲的东方有这样的可能。本文之所以用“历史的转折——从‘寝阁之命’到岳飞之死”为题，即是此意。

更为关键的是作者对《绍兴和约》签订后两国关系前景的判断错误。

就在本文上面已经提到过的1148年兀术病危时亲笔写下的《临终遗行府四帅书》中所说的话以后，接着还有这样的话：“十五年后，南军衰老，纵用贤智，亦无驱使，无虑者三也。俟其失望，人心离怨，军势隳坏，然后观其举措，此际汝宜一心，选用精骑，备其水陆，谋用才略，取江南如拾芥，何为难耳。汝等切记吾嘱。”验之往史，此后13年金完颜亮之南侵，实是早有的战略部署，而非读柳永《望海潮》词而突发的心血来潮。如果按作者的思维考虑，两国从此和平，可以各自埋头内政，而不知危险已步步进逼。若以此谋国，其后果何堪设想？

如今，世事沧桑，这一切都过去了，人们早已忘却了什么“寝阁之命”，但岳飞之死，永远是世代百姓的心头之痛。风波一狱，犹如一面罕见的鉴世宝镜，无论隐藏多深的灵魂，在它面前皆无所遁形。笔者在《风波亭畔的沉思》一文中曾经感叹自古刑狱如镜，可以识兴亡，明治乱，观世道，照人心。世上就有这样一类谋国无方、陷人有术、有鼻有眼、无心无肝的人。读建炎三年赵构乞和书，直至绍兴十一年对金的誓表，怯懦无耻，情见乎词。而纵观“风波狱”的全过程，此辈却是算计精确，调度有方，入其网罗，必死无疑。只凭几句截头去尾的言语或文字，“众证具获”，笔杆子一转，即使像岳飞这样堪称完人的人，酷刑下不服一样毫不手软地定罪，刑狱之地，真可谓暗无天日。

实际上，刑狱之见人肺腑，更甚于战火。被金人惊叹为“撼山易，撼岳家军难”的岳家军诸将，在“风波狱”中，却溃不成军，无可掩饰地现出了灵魂深处的本来面目。

刑狱之镜，同样也是对审案人员灵魂的拷问。先后审理过此案的何铸、周三畏、李若朴、何彦猷等，皆察其冤，敢担风险，逆上意，力辩无辜。刚正如此，千载以下，犹凛凛然想见其为人。

刑狱之镜所见最深者莫过于世道人心，东汉范滂出狱，迎者千人。明末党人就逮，百姓遮道。“风波”一狱，有人或当朝诘难，或举家以百口相保，或冒死上书讼冤，而非万马齐喑，汹汹然天下人皆曰可杀者比，可谓公道尚在人心。

使人不解的是此亭以“风波”为名，不知缘何而起，此处远离江海，西湖一勺水耳！何来风波？岂平地风波远胜沧海惊涛乎？留此疑义，以待高明。

【注】南宋初年（绍兴二十年前），临安的大理寺所在，历来为人所关切，实为今天杭州一处不可多得的人文历史遗址。笔者曾有《“浙司狱”不是“宋大理府”》一文予以论证。认为南宋初年的

大理寺，自奉诏移至仁和县西后，原地属景灵宫的范围。宋亡后改为教场，历元、明、清未改。民国元年在这里始建陆军监狱，直至上世纪 90 年代，扩建庆春路，此处改建成望湖宾馆。而在岳飞当年蒙难地附近，重建风波亭，如今已成西湖一景。但由于受清光绪元年由彭玉麟为之作铭、俞樾为之作记的精忠柏台图碑的影响，不少人认为宋初大理寺在明清的浙司狱，即民国时期的第一监狱，如今的西湖时代广场。故建议有关方面，在适当时候，如同当年对岳飞初葬处的讨论一样，由有关方面召集宋史有关专家对此进行论证，并将结果公诸报端，并刻入以后的《重建风波亭碑记》，以昭诸后世。

是“郊坛”还是“籍田”

——八卦田的八卦故事

郭 卫

杭州“八卦田”作为古代中国人举世首创的“大地的艺术”，以其独特的景观博得了古今中外游人墨客的赞叹，是杭州南线的热门旅游风景点。

假如你百度搜索关键词“八卦田”，跳出来的第一句话就是：“八卦田是南宋年间开辟的‘籍田’，呈八卦状，九宫八格……”八卦田公园门口的景点介绍，刻画的浮雕场景……甚至在《中国名胜词典》《中国历史文化名城词典》里，也都是按南宋时期皇帝重农亲耕的遗址“南宋籍田”来介绍的。

但围绕着八卦田到底是做什么用的，纵观古今，学界史家对此解释不一，众说纷纭，争论从明朝开始，一直延续到今天仍未平息。

因为很多学者认为八卦田不是“籍田”，而是用来祭祀昊天上帝的拜郊坛，也叫郊丘、郊台、圆坛、圜丘。那是一个比皇帝重农亲耕“籍田”礼制更高、更具重要性的活动，是皇帝祭天的地方。

祭天与祭先农神是两个不同的祭礼项目，其意义与礼仪规格均不同，两者不能混为一谈。昊天上帝作为“天”的最高统治者，宇宙万物的最高主宰，皇帝通过拜郊坛祭祀的礼仪向其臣民宣告其“君权神授”政权的合法性，有宣扬神权以维护其皇权统治的目的。而“耕籍田祭先农”，仅是一项祈求丰收、鼓励农耕的活动，其重要性远不能与郊坛祭天大礼相比。

了解了拜郊坛祭天的重要性，也就理解了为何从古至今的学界史家如此纠结于八卦田原本的用途。那是南宋王朝在杭州留下的具有特殊重要意义的其政权象征实物。

为了探究这个问题，我曾去过吴越郊坛的遗址，迈上“登云台”去看作为一代吴越国王暗过帝王瘾的郊坛是怎样的规模形制？也走入过天龙寺的深幽之境，去探究曾经被当成郊坛祭祀前斋宫的寺院的具体位置。我还找过天真书院的遗迹、龙华寺的踪影……

当然，在实地考察之前，需要先从故纸堆中去找寻线索。

宋元时代对郊坛籍田的描述记载

南宋郊坛建于绍兴十三年（1143）。宋元时代著名学者马端临在其《文献通考》卷七十二记载：

> （绍兴）十三年，令临安府于行宫东南城外先次踏逐可以建圜坛并青城斋官去处。领殿前都指挥使职事杨存中、知临安府王映等言，今于龙华寺西空地得东西长一百二十步、南北长一百八十步修筑圜坛，除坛及内壝（wéi，古代祭坛四周的矮墙）丈尺依制度使用地步九十步外，其中壝外壝欲乞随地之宜用二十五步…… 若依前项地步修筑，兵部车辂仪仗、殿前司禁卫皆可排列。共龙华寺地步修建青城并望祭殿，委是圆备。从之。

《建炎以来系年要录 》卷一四八也载：

（绍兴十三年三月）丙午，诏临安府同殿前司修筑圜丘于龙华寺之西……坛及内壝凡九十步，中壝、外壝共二十五步。

从上文记载中，可解读出如下信息：

郊坛（圜丘）有多大？

古代的一步约在 1.5 米左右（据网络），“东西长一百二十步、南北长一百八十步”差不多是长宽各为 180 米至 270 米的面积范围。“坛及内壝”的面积是“九十步”，差不多是 135 米的直径。

圜丘初建过程。先“踏逐地基”，再在这块地基范围内初步确定坛，及内壝、中壝、外壝的尺度。

郊坛的位置。在龙华寺西的空地上，并一定是在慈云岭山下的平地上。因为“兵部车辂仪仗、殿前司禁卫皆可排列”，在周边玉皇山上是不具有如此面积的地理条件的。

宋代学者、钱塘人吴自牧撰《梦粱录》，叙述整个南宋时代都城临安（杭州）的情况，“举凡山川景物、节序风俗、公廨物产、市肆乐部，无不详载”。该书材料来源于淳祐、咸淳《临安志》作者的耳闻目睹。

据《梦粱录》：“郊祀在嘉会门外三里净明院左右，春首上辛祈谷、四月夏雩、冬至冬报，皆郊坛行礼，惟九月秋飨，不坛而屋，设位于净明斋宫。”

又云：“籍田先农坛，在玉津园南，祀神农氏，配以后稷氏，以岁时祀之。”

宋人周淙撰写的《乾道临安志》，《志》卷一“行在所”，记郊社：

圜坛，在嘉会门外以南四里，三岁一郊天。

籍田先农坛：

在嘉会门外以南四里玉津园之南。

“圜坛”和“籍田”都是在“嘉会门外以南四里”，那么它们具体的方位在哪里呢？翻开《咸淳临安志》西湖图，可见郊台在登云台和慈云岭下，其侧为易安斋和净明寺，为一四边形高台。

籍田园位于玉津园与鸿雁池之间。

在《咸淳临安志》皇城图中，郊台在慈云岭下，净明寺侧，登云洞、天华寺下。为一多边形高台。

对照《皇城图》与《西湖图》中郊台的形状，与古礼“丘圜而高，以象天也”是一致的。这里的“高”不一定是要借助自然环境，借助山势而“高”，而是筑土为坛的“高”。

这里有几个与郊坛有关的重要地标。

一：嘉会门。

嘉会门是南宋临安城的南门，故址在今天的包山东边末梢处，即今箬帚湾。南宋灭亡，皇宫也被蒙古人放火烧毁。元末，张士诚占据浙，重筑杭州城时，将南城“缩入数里”，废弃南宋时的嘉会门，重建杭州的南城门，就是今天的凤山门。

二：龙华寺。

按照礼仪规定，郊坛祭天，皇帝及随祭百官须在祭前一日亲赴郊坛附近的斋宫斋宿一晚，以示洁诚。“以龙华寺为望祭殿，不筑斋宫。”（《建炎以来系年要录 》卷一四八）

翁福清先生在其论文《“八卦田”非南宋籍田辨》中考证，龙华寺的故址在原来的富春江水泥厂内（就是将台山下那一大块裸露的山体位置）。

三：天龙寺、净明院易安斋。

“隆兴三年，以寝殿在净明寺易安斋”，“秋飨不坛而屋，设位于净明斋宫”（《咸淳临安志》卷三）。元代黄溍《龙山净明寺记》说：“南渡草创，有司以其地在国之阳，因取僧所食田若干亩为祀天圜丘，而寓斋宫于其室。”（转引自《雍正西湖志》卷十一）明代田汝成的《西湖游览志》卷六也有“南宋建圆丘，以净明院为斋宫，以感业居从官”的记载。可见龙华、净明、天龙（感业）三所寺院是经常被用来充当皇帝斋宫及百官斋宿处所的。龙华寺的位置已见上述。天龙寺现在遗址尚存，在玉皇山的东南脚下、“八卦田”的西南面。而且“祀天圜丘”的若干亩田本来就取自“僧所食田”。这再一次表明了“南宋郊坛”不可能建在山上。

净明寺早已倾颓，据《咸淳临安志》卷七七《寺院》载，天福七年（942），五代吴越国王钱弘佐创建，初名广济。北宋大中祥符元年（1008），改额“净明院”。院内有易安斋、梅岩亭等名胜古迹。

据《梦粱录》卷一四《祠祭》载：

> 郊祀在嘉会门外三里净明院左右，每年春首上辛祈谷、四月夏雩（即求雨之祭）、冬至冬报，皆郊坛行礼。

从《西湖游览志 》卷六“天真书院，本天真、天龙、净明三寺地”的记载，可知净明寺与天龙、天真两寺是紧邻的。

2008年，随着杭州玉皇山南历史文化遗迹保护整合工程的进行，发现了王阳明弟子薛侃撰写的天真精舍《勒石文》，上面记载着天真精舍的四界“周以石垣，界则东止净明西界天龙北暨天真南抵龟田路”，由此可以印证“天真书院，本天真、天龙、净明三寺地”的记载无误，并确定了具体位置。这里的“龟田”，指的就是八卦田的曾用名：龟畴田。据《梦粱录》载：

> 出（净明院）端诚殿升安辇南行曲尺西去百步乃郊坛。

这已经是非常精确地把郊坛定位在了现在八卦田的位置上了！

四：登云台和登云洞。

吴越郊坛，又名拜郊坛、登云台，后梁龙德元年（921）吴越王钱镠建置，为吴越国祭天郊坛。北宋大中祥符元年，改为天真禅寺。据宋董嗣杲所著《西湖百咏》，《登云台》一诗：

> 吴越山川几落晖，登临转步入云扉。
> 寺名曾侈天真锡，碑字空传武肃挥。
> 灵洞土埋攒棘掩，古台石落借松园。
> 龙旗鸾辂曾遮拥，有祀圜丘庆六飞。

从该诗中可想见董嗣杲在吴越郊坛上看落日余晖，极目远眺，山脚下的圜丘曾经龙旗招展，皇帝的銮驾车辂簇拥。皇帝坐着六匹马拉的天子才可以使用的车驾前来圆丘祭祀……宋人董嗣杲在这首诗中所描写的，是南宋皇帝行郊礼时候的壮观景象，其描述的是皇帝才可使用的仪仗。这与《咸淳临安志》西湖图中将“登云台”画在郊坛之上的山上是相符的。也证明了站在吴越郊坛登云台上可以看清楚南宋皇帝来拜郊时的情景。

其实在《淳祐临安志》卷第九中已经很清楚地标注出了这两个都位于“郊台天真院山内（顶）”的“灵化洞”和“登云洞”，将这两个洞及钱王“登云台”与宋郊台联系在了一起：

> 灵化洞，在郊台天真山顶，深百余步，直下阔十余丈，有苏、林二公题名，刻于石。
> 登云洞，在郊台天真院山内。钱氏武肃王尝置登云台，义取于此。

五：南宋官窑“郊坛下窑址”。

经过几十年的多次发掘研究，杭州乌龟山下“八卦田”附近的“郊坛下官窑”被确认为南宋“郊坛下窑址”。

在南宋官窑博物馆，陈列着一幅《南宋郊礼图》，虽然它不是古代的作品，但却是按史料所记载的南宋皇帝行郊礼祭天的情景绘制的。

宋人周密在其《武林旧事》中详细描述了皇帝行拜郊“大礼”的情形，此处不展开。单就南宋官窑博物馆的这幅画，分析一下郊坛的样子。

> 郊坛，天盘至地高三丈二尺四寸，通七十二级，分四成，上广七丈，共十二阶，分三十六龛，午阶阔一丈，主上升降由此阶，其余各阔五尺。

三丈二尺四寸的高度约是 10 米。

上广七丈，约是 22 米。

分四层，七十二级台阶。其中一条皇帝通行的主要“午阶”约有 3 米宽，其余台阶通道约有 1.5 米宽。

（宋：1 丈 =10 尺，1 尺 =10 寸，1 尺 =31.4 厘米，据丘光明等《中国科学技术史 度量衡卷》第十七章《宋代的度量衡》）

结合前文《文献通考》和《建炎以来系年要录 》所述“坛及内壝凡九十步”可以想象的是郊坛曾经高达 10 米，比今天的三层楼还略高，为一截头圆锥体。

按这样的形状，要将郊坛建在周边的山上是不可能的，而去过八卦田的人都知道，八卦田中心的圆形土堆很接近史书中对郊坛的描述。

在杭州南宋官窑博物馆藏的藏品中，有个青瓷八卦纹炉盖引起了我的注意。这其中折射出了当时南宋统治者亲近道教的态度。

宋室南渡之后，国力羸弱，为求消灾免难，保国延祚，更寄希望于神灵的护佑。宋高宗赵构定都临安后，即积极营建宫观，延揽羽流，并常去宫观参拜。

可以据此推测的是：郊台在建造之初，其形制含有道教的因素。《文献通考》所记载的“东西长一百二十步、南北长一百八十步修筑圜坛”不正是道家“天圆地方”的概念么？

五：玉津园。

历史上有两个“玉津园”，一为北宋的东京玉津园，一为南宋临安的玉津园。宋室南迁后，宋高宗于绍兴十七年（1147）在杭州重建玉津园。据《乾道临安志》载，南宋临安玉津园在“嘉会门外南四里洋泮桥侧”，而宋籍田则在其南。可见虽然“郊坛”“玉津园”都在“嘉会门外南四里”，而籍田的位置更靠近玉津园，在玉津园的南面。假如八卦田真是宋籍田，则玉津园应该在其北，显然这样的地理方位是不可能成立的。洋泮桥和美政桥都是跨越龙山河的桥梁，至今尚在。可作为确定“玉津园”具体位置的参照坐标。

苏轼曾有诗《玉津园》描述开封玉津园与籍田之间的位置关系：

> 承平苑囿杂耕桑，六圣勤民计虑长。
> 碧水东流还旧派，紫坛南峙表连冈。
> 不逢迟日莺花乱，空想疏林雪月光。
> 千亩何时躬帝藉，斜阳寂历锁云庄。

这就是《湖山便览》中玉津园条目中所记录的苏轼的那段诗“千亩躬帝藉”的籍田紫坛。可见无论北宋还是南宋，玉津园和籍田都位于同一地，符合“圆坛南渡后仿治于此”的描述。

宋董嗣杲所著《西湖百咏》“包家山”条目中对“郊坛”和“籍田园”相对的位置作了清楚的表述：

> 包家山，在慈云岭南冷水峪，多桃花，名桃花关。关门上揭“蒸霞”二字，郊坛在山之西，籍田园在山之南。

对照1929年实测杭州西湖图（上海商务印书馆），“包山（包家山）”之南就是美政桥、洋泮桥侧，籍田园的位置当在此附近，其西边的八卦田就是郊坛的位置。

由上述史书中的描述来看，靠近登云台位于龙华寺西边的八卦田是“郊坛”，位于洋泮桥侧、玉津园之南的位置是籍田似乎是很确定的了。假若八卦田是“籍田”，那么与前述的众多史料都对应不上，无法解释。

南宋灭亡之后，作为宋朝立国的精神根基和象征，怎躲得过征服者的铁蹄？怎躲得过侵略者的劫掠？据《元史·世祖纪十》，至元二十一年（1284）九月，当时杨琏真伽与执政大臣桑哥表里为奸，以修复旧寺为名，掘南宋陵盗劫珍宝，二十二年（1285）桑哥“申奏毁宋郊天台建寺”。从此，宋郊坛走入了如烟的历史之中。

明清时期史家对“八卦田”的不同记载

就像是岁月会让人容颜老去而面目全非一样，近三百年后，一位杭州本地“佬倌”田汝成给八卦田宋迹遗址再增加了重重迷雾，让此地的历史更面目全非，由此引发了其后史家学者的口水战，至今不绝。

田汝成（1503—1557），字叔禾，钱塘人。明嘉靖五年（1526）进士。曾因“多嘴”，被嘉靖皇帝切责并停俸两月。嘉靖二十年（1541），他告病回到杭州，此后不再复出任官。

归杭后，田汝成盘桓湖山，遍访浙西名胜，撰成《西湖游览志》24卷、《西湖游览志余》26卷。这是他在饱览西湖名胜、通谙杭州历史的基础上用生动的文学笔调写成的。

田汝成在《西湖游览志》卷六《南山胜迹》里是这么讲述玉皇山的：

> 龙山一名卧龙山，又名龙华山，与上下石龙相接，去城南可十里许。……山北有鸿雁池，其东为白塔岭。
>
> 其上为天真禅寺、登云台。其下为勋贤祠，为天龙禅寺、天华禅寺、胜相禅寺、龙华禅寺、宋籍田。
>
> 宋籍田在天龙寺下，中阜规圆，环以沟塍，作八卦状，俗称九宫八卦田，至今不紊。山傍有宋郊坛。

田汝成的这番话至今被人们用来作为介绍八卦田用途的“典故”，我不知道前文所引用的宋人可以“图文互证”的众多史书为何不引用呢？

田汝成之后，明人高濂编纂的《四时幽赏录》中也说：“八卦田，宋之籍田，以八卦爻画沟塍环布成象，迄今犹然……”

作为崇尚养生的戏曲家，高濂对八卦田的描述其实不足为凭，但也颇常见其被引用。

钱塘县令聂心汤在其编撰的《万历钱塘县志》中认定：“育皇山（玉皇山）……前有龟畴田，宋郊坛也。”虽然聂心汤对田汝成颇为推崇尊敬，但在“龟畴田”原本用途这点上，这位“钱塘县令”显然并没理会田汝成的那番话。

到了清代，藏书家翟灏在其编撰的《湖山便览》“宋籍田”条目中对《西湖游览志》中“在天龙寺下中阜规圆作八卦状俗称九宫八卦田者即宋籍田”做了“其实非也”的否定。在其后“太极亭”条目中对嘉靖年间，阮鹗曾在“八卦田”的中阜上建“太极亭”做了“宋郊邱址”的结论。并在其后“太极亭”条目中又做了更详细的说明。

按翟灏的说法，阮鹗所建太极亭在勋贤祠前宋郊邱遗址，按《临安志》图中，宋郊台在杭州城西南，籍田在城东南，近洋泮桥。翟灏对为何此处会被认为是“宋耤田”做了进一步的分析。

之所以出现这种说法，是由于明代哲学家王守仁（阳明）写的《答钱德洪卜筑天真书院》一诗中有“龟畴见宋田”之句。诗的原意是指宋代郊坛的遗址变成了龟版状八卦形的农田，田汝成可能见了“宋田”二字望文生义，把这里当成了南宋籍田。

现代学界对八卦田的考证及“八卦田”形貌变迁

“最早提出八卦田遗址是明代杭州学者田汝成的《西湖游览志》，最早明确指正田汝成之误则是清初学者翟灏《湖山便览》，这是（八卦田）争论之始。”

这是林正秋教授于2007年在回答温州都市报记者金辉的采访时所说的话。在这次采访中，杭州师范学院历史系教授林正秋说，他在上世纪80年代出版的《南宋都城临安》也沿用田汝成的“八卦田是宋籍田”的旧说，现经再细致考辨，他认为南宋郊坛遗址更为正确些。因为八卦田之名，到明朝才出现。籍田遗址在城南偏东些，此地为南偏西，应为南宋的郊坛遗址。林教授于《南宋杭州籍田史话》（2007年）中对八卦田是否是宋籍田做出了论述：

> 近人学者也多有论辨，指出杭州八卦田不是南宋籍田遗址的文章日益增多。如1985年第5期刊载翁福清先生的论文《“八卦田”，非南宋籍田辨》以及后来《泛槎考继录》第一章《八卦田的形貌与传说》与《中国文化一千疑案》有一题是《杭州八卦田是南宋籍田还是郊坛》等文，都指出杭州八卦田不是南宋籍田而是南宋郊坛的遗址。我作为地方史学者，在上世纪80年代出版的《南宋都城临安》也沿用田汝成的旧说，现在再细考辨，我也认为是南宋郊坛遗址更为正确些。

一位学者，要郑重其事地否定自己曾经做出过的结论，其中要经历的考证过程，可想而知。

除了林正秋的《南宋杭州籍田史话》和翁福清先生的论文《“八卦田”，非南宋籍田辨》，此外还有周文成的《八卦田考察》对八卦田做出了“是南宋郊坛之所在”的结论，并判断宋籍田“就在今天洋泮桥至海月桥之间濒临钱塘江的地段上”。

另外在王国平、陈相强总编的《西湖之谜》中，专门论述了《八卦田是南宋籍田还是郊坛》，做出了“八卦田只能是南宋郊坛的遗址，才能符合史实”的结论。

浙江大学历史系何忠礼教授是杭州宋史研究方面的专家。他在《两宋籍礼初探》一文中维持了“八卦田是宋籍田”的结论，并指出：

> 明代的一座山川风云雷雨坛很可能是由南宋的郊坛改建而成，而此地就在包家山西边的冷水峪附近，大约就建在今紫来洞与灵华洞之间的地方。

经我实地探访，紫来洞与灵华洞之间的地方恰是吴越郊坛“登云台”，且玉皇山上不具有南宋郊坛建在其上的地理条件。

而我个人认为，南宋籍田的位置应该在龙山河北，十亩田家园小区至洋泮桥之间的这片区域，较为接近周文成的判断“(宋籍田)洋泮桥至海月桥之间濒临钱塘江的地段上”。

那么，现在我们看到的八卦田景象是怎么变迁而来的呢?

其实八卦田在历史上原本不怎么像“八卦”，作为本来就取自“僧所食田”的祀天圆丘，在被元军毁掉之后，渐渐又恢复成了田地，中间原本高大的坛基成了土丘。

有两张通过网络搜索而得的老照片，很能说明八卦田原来的面貌。

这两张照片的取景地应该就在吴越郊坛登云台。在其中一张年代稍早的照片中可见八卦田的最外围呈四边形，应该是其外壝，中间有土埠。在这种地形上耕种不同的作物，很容易将阡陌田亩与九宫八卦联系起来。可以想见郊坛本来是外方内圆的形状，符合前述各史书中对郊坛形状的描述。

在另一张照片中，可见富春江水泥厂正冒着烟的烟囱，那边应该是原龙华寺旧址所在地，宋郊坛位于其西面。

明代以后，这里一直作为良田由附近居民耕作。至上世纪80年代，玉皇村村民还将外围部分农田改为水塘，发展水产养殖。

新中国成立后,八卦田应该经历过两次较重要的整修。据1983年6月9日的《新民晚报》报道《玉皇大队拨款十五万元，杭州重整八卦田》，报道中说:

> 这次整修将把整块田按八卦标准图形改建。改建后的八卦田,呈正八边形,直径250米。中间土丘，直径70米，高2.8米。

这应该是首次将八卦田直接按照八卦状修整改建。老照片中的八卦田还不怎么像“八卦”，经过玉皇大队这么一改，改成了八边形，更像“八卦”了。

到了2007年，八卦田再一次迎来整治。这次的工程面积约10万平方米，维持外围八边形、中间土阜的平面格局不变，将中央土阜的植物，改为谷类、蔬菜及小乔木与灌木，土阜周围田地延续原有功能，沿田埂种植南宋时曾播种的九谷(稻、稷、黍、粟谷、糯谷、大豆、小豆、大麦、小麦);同时整治周边环境，拆除有碍景群风貌的建筑，恢复绿地。

原本的南宋郊坛，渐渐越来越像“八卦”，多了颜值，但与原来的面貌已经大不相同了。

“八卦”八卦田的意义在哪里?

在研究八卦田遗址的这半年期间，我发现绝大多数人不了解原本那么熟悉的“八卦田”居然还有此“八卦”。引入争论，并详细地公布官方的研究结果，这对提升八卦田的知名度，还八卦田本来的历史面目，增加其历史文化内涵都十分有益。

考证辨析这些史书资料，并结合自己的实地考察去深入探究，这本身就是一件很有意思的事情。我由此想到可把“郊坛”与“籍田”说同时呈现给游客，让游客自己带着疑问去游览品味玉皇山和凤凰山这一片的山水人文，更能增加八卦田的吸引力，“有谜”本身就是一种独特的魅力。

在辨析八卦田“郊坛”说的过程中，不可避免地要涉及与之相关的一些周边景点，如:郊坛下官窑遗址、天龙寺、天真精舍、吴越郊坛、龙华寺、石龙洞等。把原先分散的各景点由“郊坛”串起来，从而衍生整合出围绕八卦田的新游览样式和游览线路，这对提升周边景点的旅游价值大有裨益。例如现在的南宋官窑博物馆是孤立的一个景点，若能将其与八卦田联系起来，再与天龙寺等联系起来，更能加深游客对这片区域历史人文底蕴的理解，甚至可以衍生发散到开封和杭州的对照游。

例如北宋郊坛的形制、方位是怎样的?北宋的籍田园和玉津园相互间的关系能否给解开“八卦田之谜”带来启示?在北宋开封有南宋临安的根基魂魄，在南宋临安有北宋开封的影子踪迹，这两个渊源很深的城市可以携手走过重重历史迷雾，去找寻彼此留给对方的“时光胶囊”，在悠久的历史文化底蕴中开出新的花朵，碰撞出新的共鸣音。

作者注：细心的读者可能会发现文中的“藉”田的“ji”字有多处不一致：籍田？藉田？还是耤田？这其中或许暗藏着解开田汝成误将此地做“籍田”的答案。翻看原版古籍，《咸淳临安志》：为“耤田”；浙江孙仰曾家藏本《乾道临安志》（周淙撰）为：“藉田”；《西湖百詠》：也为“藉田”。到了田汝成的《西湖游览志》，明嘉靖二十六年刊本为“籍田”；翟灏的《湖山便览》：为“耤田”。其实无论是“藉”还是“耤”都特指天子亲耕之田，而唯独“籍”田的用法不规范。所以翟灏不仅仅是指出了了田汝成的错误，还用了正确的“耤”字。现代，甚多专家学者都用“籍”字，所以本人在引用中也沿用“籍”。

【附】

走过风景遇到“你”千年一朝帝王梦－杭州新闻中心－杭州网
http://hznews.hangzhou.com.cn/wghz/content/2017-12/25/content_6755916.htm
寻访傅大士在凤凰山上留下的遗迹－杭州新闻中心－杭州网
http://hznews.hangzhou.com.cn/wghz/content/2018-01/19/content_6777342.htm
雨过天青云破处：南宋瓷器的故事－杭州新闻中心－杭州网
http://hznews.hangzhou.com.cn/wghz/content/2017-12/12/content_6739896.htm
寻芳杭城，那些你知道或可能还未知的赏梅地－杭州新闻中心－杭州网
http://hznews.hangzhou.com.cn/wghz/content/2018-01/08/content_6767444.htm
已在中河上静卧了几百年的洋泮桥－杭州新闻中心－杭州网
http://hznews.hangzhou.com.cn/wghz/content/2018-02/28/content_6809278.htm
周公瑾写了本《武林旧事》，但不是武侠小说－杭州新闻中心－杭州网
http://hznews.hangzhou.com.cn/wghz/content/2018-03/20/content_6825523.htm
林正秋：古菜重现 学问可餐－林正秋－温州新闻
http://wznews.66wz.com/system/2007/11/15/100441090.shtml
钱江晚报：皇山南整合工程贡献大惊喜——“天真精舍”重现玉皇山
http://qjwb.zjol.com.cn/html/2008-07/08/content_3275313.htm
南宋郊礼图和不得已“就简”的官窑青瓷祭器－杭州网－杭州新闻中心
http://hznews.hangzhou.com.cn/wghz/content/2018-05/24/content_7007546.htm

征稿启事

《西湖学论丛》由杭州西湖博物馆主办，是开展西湖学研究的专业性学术交流平台。本论丛以弘扬西湖文化、传承历史文脉为己任，旨在深入挖掘、揭示西湖丰厚的自然、历史与人文内涵，不断提升西湖学研究的学术水平，营造研究西湖学的良好学术氛围，扩大西湖学研究的影响力。

1. 稿件内容

要求围绕西湖文化进行理论或实际问题的学术研究与探讨，尤其鼓励对西湖学进行深入研究的创新性成果。文稿应主题新颖，论点鲜明，论据（数据）可靠，结论明确，具有创新性、科学性和逻辑性。文句要求严谨明确、通顺达意、重点突出。

2. 撰稿格式

稿件的页面格式：请采用 Word 文档标准页面设置。编排顺序是：标题，作者，摘要（限 150 字以内），关键词（3—5 个），正文，注释与参考文献，其中注释要求为脚注。注释序号用“①，②，③……”标识，每页单独排序。请以脚注形式附上作者简介，包括：作者姓名，现供职单位及部门全称、职务、职称，研究领域或方向。论文篇幅原则上要求 5000—10000 字（包括图表及参考文献）。

为规范文稿格式，请严格按照《论文引文注释和文后参考文献的规范》撰稿，具体要求请登录杭州西湖博物馆官方网站（http://www.westlakemuseum.com/）查询。

3. 权利说明

请勿一稿多投。来稿必须为原创作品（含图片），不得侵犯他人版权，不得违反国家有关法律规定。编委会有权对来稿作必要的删改。录用的论文，均由第一作者全权代理其他作者的一切权利，承担相关责任。

4. 提交方式

（1）为保证稿件的“齐、清、定”，方便排版印刷，请作者务必提交电子文稿（Word 文档格式）。纸质稿一概不收。

（2）来稿请注明作者姓名及详细联系方式，包括固定电话 / 手机，通信地址，邮编等基本信息。

（3）投稿请直接发送至专用电子邮箱：xhbwg2005@163.com，同时请致电 0571-87882290 确认稿件是否提交。

杭州西湖博物馆（西湖学研究院）

2019 年 6 月

图书在版编目（CIP）数据

西湖学论丛．第十辑 / 杭州西湖博物馆编．-- 杭州：杭州出版社，2019.12

ISBN 978-7-5565-1112-9

Ⅰ．①西… Ⅱ．①杭… Ⅲ．①西湖－文集 Ⅳ．① K928.43-53

中国版本图书馆CIP数据核字（2019）第157293号

Xihu Xue Luncong（Di-shi Ji）

西湖学论丛（第十辑）

杭州西湖博物馆 编

责任编辑 蒋晓玉
封面设计 祁睿一
出版发行 杭州出版社（杭州西湖文化广场32号6楼）
电话：0571—87997719 邮编：310014
网址：www.hzcbs.com
排　　版 杭州立飞图文制作有限公司
印　　刷 浙江广育爱多印务有限公司
经　　销 新华书店
开　　本 889 mm × 1194 mm 1/16
印　　张 5.75
字　　数 254千
版 印 次 2019年12月第1版 2019年12月第1次印刷
书　　号 ISBN 978-7-5565-1112-9
定　　价 60.00元